Monkapass

Rafaela Lisbeth Kiene

Monkapass

Ein Guide durchs Autismsspektrum für Frauen

Dein Kompass zur Selbstidentifikation

überarbeitete Auflage

Impressum

© 2025 Rafaela Lisbeth Kiene, Marke Monka

Vielen Dank für dein Interesse an meinem Buch! Teile gerne Gedanken und Zitate in den sozialen Medien, aber verlinke mich (IG @monka_world), damit auch andere von dem Guide erfahren können.

Bibliografische Information der Deutschen Nationalbibliothek: Die Deutsche Nationalbibliothek verzeichnet diese Publikation in der Deutschen Nationalbibliografie; detaillierte bibliografische Daten sind im Internet über http://dnb.dnb.de abrufbar.

Lektorat, Korrektorat, weitere Mitwirkende: siehe Danksagungen

Verlag: BoD · Books on Demand GmbH, Überseering 33, 22297 Hamburg, bod@bod.de

Druck: Libri Plureos GmbH, Friedensallee 273, 22763 Hamburg

ISBN: 978-3-8192-9497-6

Widmungen

Elea

Auf dass du Mini-Monka es mal leichter ha-

ben wirst, als ich und deine Mum es haben.

Und, damit du weißt, dass da immer jemand

ist, der für dich mitkämpft.

Diesen Guide widme ich allen autistischen Menschen, vor allem den Frauen, die erst spät erfahren haben, wer sie wirklich sind. Ihr seid nicht allein. Ich sehe euch und die Herausforderungen, mit denen ihr jeden Tag kämpft.

Eine besondere Widmung geht an meine „Schwerin Gang", insbesondere Billie, dier AuDHS-Partner*in in Crime, und an die langjährigen Freundschaften, die mir ein Zuhause gegeben haben, als ich es am dringendsten brauchte. Ohne euch wäre ich diesen Weg nicht gegangen.

Auch meinen Berliner Lieblingsmenschen widme ich dieses Buch – ihr habt mich auf meinem Weg ins Erwachsenenleben begleitet und wart mein Anker. Eure Kraft hat mir Hoffnung geschenkt und mich zu der Resilienz geführt, die ich heute in mir trage.

INHALTSVERZEICHNIS

Vorwort

Als ich 2023 die Diagnose Autismus erhielt, fühlte ich mich zunächst völlig orientierungslos – wie in einem dichten Nebel ohne Bezugspunkt. Um Klarheit zu gewinnen, begann ich, ein persönliches Autismus-Lexikon zu erstellen, ein Projekt, das vermutlich nie ganz abgeschlossen sein wird. Dieses Buch ist mein Versuch, das Wissen, das ich gesammelt habe, mit euch zu teilen, damit ihr euch selbst besser verstehen und neu entdecken könnt. Es ist Teil meines Projekts „Monka", zu dem auch mein Instagram-Kanal @monka_world gehört.

„Monka" ist aus einer inneren Notwendigkeit entstanden. Oft hörte ich den Namen „Monk" von Menschen, die es gut meinten, ohne zu erkennen, wie fremd ich mich dabei fühlte – als „anders" und „ausgeschlossen". Ich sehe „Monk" nicht nur als sympathische Serienfigur, sondern auch als Parallele zu meinem eigenen Leben: äußere Unsicherheiten, die mit inneren Werten und Sehnsüchten kollidieren.

„Monka" steht für den Wandel eines Begriffs – von einem Stigma des Andersseins zu einem Symbol der Selbstermächtigung. Ich habe diesen Namen für mich neu definiert und lade jede Frau ein, sich ebenfalls damit zu identifizieren und ihn stolz zu tragen. Es geht darum, Scham und Schuldgefühle abzulegen und innere Stärke zu entwickeln.

Mein Wunsch ist es, viele starke „Monkas" zu sehen, damit die kommenden Generationen – die Mini-Monkas – ein einfacheres Leben und Aufwachsen genießen können als wir es oft erlebt haben.

In Verbundenheit,

eure Rafaela

Schwerin, November 2024

Einleitung

Hast du dich schon einmal gefragt, warum du manchmal das Gefühl hast, nicht so ganz dazuzugehören? Vielleicht hast du das Gefühl, dass etwas anders ist bei dir. Ich weiß, wie es sich anfühlt, wenn man das Gefühl hat, nicht von dieser Welt zu sein. Du bist damit also nicht allein.

Als ich mit meiner Autismusdiagnose konfrontiert wurde, fühlte ich mich wie auf einer einsamen Insel. Ein Kompass, der mir half, durch diese neue Welt zu navigieren, hat mir gefehlt. In den vergangenen eineinhalb Jahren habe ich diesen Kompass für mich selbst entwickelt und bin dabei zu einer Expertin für meine ganz eigene Wahrnehmung geworden. Dieser Weg war oft steinig, aber er hat mich gestärkt. Nun möchte ich das Raster meiner Selbsterkundung teilen, um anderen Frauen den Weg zu erleichtern und ihnen zu zeigen, dass sie nicht alleine sind.

Warum dieser Guide?

Ich habe dieses Buch geschrieben, weil ich weiß, wie wichtig es ist, sich verstanden und gesehen zu fühlen. Viele autistische Frauen haben Schwierigkeiten, ihre Erfahrungen und ihr Erleben in Worte zu fassen. Oftmals finden sie auch keine passenden Ansprechpartnerinnen.

In den letzten Jahren habe ich zahlreiche Nachrichten von Frauen erhalten, die nach Rat und Austausch suchten. Sie erzählten mir von ihren Kämpfen, ihren Ängsten und ihren Hoffnungen. Ich habe Frauen getroffen, die ihre gesamte Kindheit und Jugend damit verbracht haben, sich anzupassen und zu verstecken. Frauen, die unter der Last gesellschaftlicher Erwartungen zusammengebrochen sind. Aber ich habe auch Frauen getroffen, die ihre Diagnose als Befreiung empfanden und endlich begannen, sich selbst zu akzeptieren.

Warum der Fokus auf Frauen?

In den letzten Jahren gab es zahlreiche Untersuchungen und Diskussionen über das Geschlechterverhältnis bei Autismus. Der aktuelle Stand der Diagnosen zeigt, dass auf drei Männer nur eine Frau kommt. Doch dieses Verhältnis steht im Widerspruch zu unserem heutigen Wissen über Autismus. Man geht mittlerweile davon aus, dass es eine erhebliche Unterdiagnostizierung gibt – und dass besonders viele Frauen davon betroffen sind.

Ich begegne vielen autistischen Menschen und erlebe, dass so viele von ihnen nach einer Diagnose suchen. Dies hängt nicht nur mit meinem persönlichen Umfeld zusammen. Mittlerweile gehe ich davon aus, dass die aktuellen Zahlen, die veröffentlicht werden, nicht realistisch sein können. Über das Geschlechterverhältnis und den tatsächlichen Anteil autistischer Menschen in der Bevölkerung möchte ich daher keine Aussage treffen.

Im der Öffentlichkeit lese ich öfter die Behauptung, dass sich Autismus bei Frauen oft anders als bei Männern äußere. Frauen im Autismusspektrum würden dazu neigen, stärker zu maskieren und ihre Schwierigkeiten zu verbergen. Deshalb ist es wichtig, die spezifischen Erfahrungen von Autistinnen zu beleuchten und zu verstehen. Dieses Buch richtet sich daher primär an Mädchen, Frauen und nicht-binäre Personen, um deren Sichtbarkeit zu stärken. Deshalb verwende ich im gesamten Buch das generische Femininum.

Wir sind eine vielfältige Gruppe mit einzigartigen Perspektiven und Erfahrungen. Doch oft fühlen wir uns allein, missverstanden und ausgegrenzt. Die Diagnose Autismus kommt bei Frauen häufig erst spät oder gar nicht, was Folgen hat: eine jahrelange Suche nach Antworten, begleitet von Scham und Schuldgefühlen.

Es ist ein Skandal, dass so viele autistische Menschen so lange auf eine Diagnose warten müssen. Die Wartelisten sind lang, die Angebote unzureichend. Und selbst mit einer Diagnose ist es schwierig, die passenden Hilfen zu finden. Denn die Bedürfnisse Erwachsener unterscheiden sich oft erheblich von denen von Kindern.

Autismus ist vielfältig und äußert sich bei jedem Menschen anders. Ob Frau, Mann oder Teil der LGBTIQ*-Community – viele von uns teilen ähnliche Erfahrungen, wie zum Beispiel das Gefühl, anders zu sein oder Schwierigkeiten in sozialen Situationen. Das, was oft als 'weiblicher Autismus' bezeichnet wird, ist eher ein Ausdruck davon, wie Autismus bei verschiedenen Menschen maskiert werden kann. Dieses Buch ist daher für alle gedacht, die sich auf dieser Reise der Selbstentdeckung befinden.

Was erwartet dich in diesem Buch?

Mach dich bereit für eine interaktive Reise durch die Welt des Autismus! Die folgenden Kapitel laden dich dazu ein, die vielfältigen Facetten des autistischen Erlebens auf interaktive Weise zu erkunden, jedoch ohne Anspruch auf Vollständigkeit.

Dir wird ein Raum geboten, in dem du deine eigenen Erfahrungen reflektieren und ein tieferes Verständnis für dich selbst entwickeln kannst. Dieses Buch ist mehr als nur eine Informationsquelle – es ist eine Begleitung auf deiner persönlichen Reise.

Im letzten Abschnitt des Buchs findest du Informationen über verschiedene Diagnosevarianten und eine Checkliste, die du begleitend zu den Buchkapiteln verwenden kannst. Sie bietet dir einen Überblick über die thematisierten Aspekte, die dich vielleicht betreffen oder auch nicht. Nutze die Checkliste als Kompass für deine persönliche Reise und denke daran:

> "Kennst du einen Autisten, kennst du auch nur einen Autisten."
> - Dr. Stephen Shore

Mein Ziel ist es, dir ein Werkzeug an die Hand zu geben, mit dem du dich selbst neu entdecken kannst.

Ein paar Hinweise

Ich bin keine Expertin in Psychologie, sondern eine Sozialarbeiterin, die ihre Autismusdiagnose selbst erst spät erhalten hat. Die in diesem Buch geteilten Informationen basieren auf meinen intensiven persönlichen Recherchen, eigenen Erfahrungen und auf Gesprächen mit anderen Frauen. Sie erheben keinen Anspruch auf Vollständigkeit oder absolute Detailgenauigkeit. Zur inhaltlichen Überprüfung wurde der Guide von einer Gruppe engagierter Frauen aus der Monka Community zweimal Korrektur gelesen.

Dieses Buch stellt keinen medizinischen Rat dar. Bei gesundheitlichen Fragen wende dich bitte an deine Ärztin oder Apothekerin. Ich gebe kein Heilversprechen und übernehme keine Haftung für ausbleibende Erfolge. Das Buch ist kein Ersatz für eine professionelle Beratung, Diagnostik oder Therapie – dafür wende dich bitte an eine Fachärztin.

Meine Erfahrungen aus zahlreichen Gesprächen mit Autistinnen, verfassten Social-Media-Beiträgen und einem Vortrag haben mir ein gutes Gespür dafür gegeben, welche Themen für meine Leserinnen besonders relevant sind. Künstliche Intelligenz (KI) half mir dabei, meine Gedanken zu strukturieren und den Schreibprozess effizient zu gestalten - eine wertvolle Unterstützung, da ich aufgrund meiner Mehrfachdiagnosen (Autismus, ADHS und Dyspraxie) oft Schwierigkeiten habe, mich über längere Zeiträume auf das Schreiben zu konzentrieren. Wichtig ist mir dabei zu betonen: Das Buch ist nicht von KI erstellt worden, sondern entstand durch meine eigene geistige Arbeit.

Dieses Buch ist ein Beitrag gegen Ableismus und Scham. Es wird bewusst darauf verzichtet, komplexe Begriffe zu verwenden, die Einsteigerinnen in die Thematik Autismus ausschließen könnten. Verständliche Sprache und klare Erklärungen sind für mich ein wichtiger Schritt hin zu mehr Inklusion. Wissen ist ein Werkzeug zur Selbstbestimmung, das gerade Autistinnen in ihrem Leben oft fehlt.

Hoffnung für die Zukunft

Eure Töchter und Enkeltöchter sollen in einer Welt aufwachsen, in der sie sich angenommen und wertgeschätzt fühlen. Eine Welt, in der Vielfalt gefeiert wird und in der jede Frau die Möglichkeit hat, ihr volles Potenzial zu entfalten. Indem wir heute für unsere Rechte kämpfen, schaffen wir eine bessere Zukunft für die nächste Generation. Lasst uns gemeinsam eine Welt gestalten, in der jeder Mensch das Recht hat, ganz selbst zu sein.

Starten wir nun mit **deiner** Reise!

Unsere Unterschiede sind keine Hürden, sondern Brücken zu neuen Perspektiven. Wenn wir die Stärken von autistischen Frauen wertschätzen, tragen wir dazu bei, eine gerechtere Welt für alle zu gestalten.

Die Art, wie wir denken und fühlen, ist nicht schlechter, sondern einfach anders. Indem wir unsere Besonderheiten annehmen, können wir die Vielfalt der menschlichen Erfahrung bereichern und eine inklusive Gesellschaft schaffen.

TEIL I - GRUNDLAGEN UND VERSTÄNDNIS

1. Autismus - Begriffliche Annäherungen

Autismus wird häufig als „Störung" bezeichnet, doch diese Bezeichnung greift zu kurz und beschreibt nicht das Wesen des Autismus. Für viele von uns, die autistisch sind, ist dieser Begriff problematisch, da er die Vielschichtigkeit und die Besonderheiten von Autismus nicht erfasst.

Autismus ist ein Spektrum, das sich über die Lebensspanne entwickelt und Menschen unterschiedlichster Geschlechter, Kulturen und sozialer Hintergründe umfasst. Viele autistische Menschen haben zusätzliche Neurodivergenzen wie Dyslexie, Dyskalkulie oder Synästhesie. Auch die Geschlechtsidentität wird von vielen autistischen Menschen auf eine ganz eigene Weise erlebt. Autismus ist somit mehr als eine Diagnose – es ist eine individuelle Art, die Welt zu erleben.

1.1 Autismus aus diagnostischer Perspektive

Jeder autistische Mensch einzigartig, wie ein Fingerabdruck. Die diagnostischen Kriterien helfen uns, die individuellen Muster und Besonderheiten zu erkennen. Das DSM-V und das ICD-11 sind dabei die aktuellen Werkzeuge, um diese komplexen Muster zu entschlüsseln. Für eine möglichst barrierearme Erläuterung habe ich humorvolle Sprache gewählt.

Funktionsweise des Betriebssystems

Autismus oder wie es in der Fachsprache so charmant heißt: Autismusspektrumstörung (ASS), ist eine faszinierende neurologische Variante, die im DSM-V und ICD-11 beschrieben wird. Dabei handelt es sich nicht etwa um eine Störung im herkömmlichen Sinn, sondern um eine Art „Betriebssystem", das anders funktioniert als das neurotypische Standardmodell. Während neurotypische Menschen sich in sozialen Interaktionen oft wie bei einem langatmigen Small-Talk-Tanz fühlen, gleicht das Leben mit Autismus eher einer klaren Choreografie – am liebsten mit vorhersehbaren Schrittfolgen und klaren, direkten Ansagen.

Die Diagnosekriterien von Autismus sind eine regelrechte Schatztruhe an Beobachtungen über die „besonderen" Eigenheiten des autistischen Denkens und Verhaltens. Dabei werden vor allem kommunikative und sensorische Aspekte sowie Verhaltensmuster hervorgehoben.

1.2 Die Kunst der klaren Kommunikation

Frauen im Autismusspektrum lieben es, wenn man direkt zur Sache kommt – das „Drumherumreden" können sie getrost den Neurotypischen überlassen. Sie bevorzugen eine präzise und transparente Kommunikation, weshalb sie Small Talk und soziale Höflichkeiten eher als sinnloses Datenrauschen empfinden. Das ICD-11 nennt das „eingegrenzte soziale Kommunikation" – andere bezeichnen es schlicht als „endlich mal jemand, der nicht um den heißen Brei herumredet".

1.3 Das Faszinosum der Sonderinteressen

Eines der bekanntesten Merkmale ist das Vorhandensein sogenannter „Spezialinteressen". Der DSM-V beschreibt diese als „intensive Beschäftigung mit spezifischen Themen". In der Praxis bedeutet das, dass autistische Personen sich bis ins kleinste Detail für Nischengebiete begeistern können – von seltenen Fledermausarten über historische Zugfahrpläne bis hin zu den Unterschieden zwischen den einzelnen Varianten von Kaffeemaschinen. Autistische Menschen werden damit zu wandelnden Wikipedia-Artikeln, wobei die Informationstiefe oft beeindruckender ist als das Gesprächstempo.

1.4 Das Leben in Dolby Surround

Autistische Frauen nehmen die Welt oft in einem „Sinnes-Kino in 4D" wahr. Der ICD-11 beschreibt dies als „ungewöhnliche Reaktionsweisen auf sensorische Reize". Für Außenstehende kann das so wirken, als ob eine Neonröhre plötzlich den Klang eines startenden Düsenjets hat oder ein Wollpullover den Eindruck hinterlässt, dass man sich in Stacheldraht gehüllt hat. Diese besondere Sensibilität sorgt dafür, dass Autistinnen oft den ruhigsten Platz im Raum suchen – oder sich fragen, warum sich niemand über das Brummen der Lüftung aufregt.

1.5 Klarheit vor „Höflichkeit"

In den sozialen Interaktionen bevorzugen autistische Frauen eine direkte Art des Austauschs, bei dem sie auf „Spielchen" und implizite Botschaften gern verzichten. Sie sehen kein Problem darin, auf Fragen wie „Wie geht's dir?" mit einer detaillierten Analyse ihres aktuellen Gesundheitszustands zu antworten. Das DSM-V beschreibt dies als „Schwierigkeiten im Verständnis sozialer Konventionen" – autistische Menschen nennen es „Effizienz im Dialog", denn welche Intention sollten solche Fragestellungen ansonsten gehabt haben?

1.6 Maskierung, oder der Tarnkappenmodus

Viele autistische Frauen beherrschen die Kunst der „Maskierung", also des Nachahmens neurotypischer Verhaltensweisen. Das DSM-V und ICD-11 vermerken dies eher nüchtern als „Bemühen um soziale Anpassung". Tatsächlich handelt es sich um einen inneren Spagat, der oft darin besteht, sich in sozialen Situationen wie in einer Theateraufführung zu fühlen – aber ohne Drehbuch. Diese Fähigkeit, sich anzupassen, kommt jedoch oft mit einem hohen Energieaufwand daher, was dazu führt, dass die viele Autistinnen nach einem Tag voller sozialer Interaktionen ein paar Stunden allein mit ihrem Spezialinteresse verbringen müssen, um wieder aufzuladen.

1.7 Analytik und Detailverliebtheit als Kernkompetenzen

Der DSM-V und ICD-11 mögen Autismus als „Entwicklungsstörung" klassifizieren, aber die darin enthaltenen Fähigkeiten sind oft bemerkenswert. Frauen im Spektrum zeichnen sich durch eine unglaubliche Detailgenauigkeit und eine ausgeprägte analytische Denke aus. Während andere an der Oberfläche kratzen, buddeln autistische Frauen gern so lange, bis sie auf den Grund eines Themas gestoßen sind – und dann noch ein bisschen tiefer. Diese Fähigkeit macht sie zu hervorragenden Problemlöserinnen, auch wenn sie dabei manchmal vergessen, dass es Zeit für eine Kaffeepause wäre.

1.8 Tiefe in einer komplexen Welt

Autismus wird im DSM-V und ICD-11 als „Störung" beschrieben, die durch besondere Denk- und Verhaltensweisen gekennzeichnet ist. Wer jedoch genau hinsieht, erkennt, dass Autistinnen die Welt mit einer Klarheit und Tiefe wahrnehmen, die selten ist. Man könnte sagen, sie sind wie hochauflösende Scanner in einer Welt voller grobkörniger JPEGs – und das macht sie zu einzigartigen Denkerinnen, die das Leben auf ihre ganz eigene Art bereichern.

2. Autismus aus der Sicht einer Autistin

In den letzten Jahren habe ich mich mit dem Begriff „Autismus" auseinandergesetzt. Was bedeutet es für mich, autistisch zu sein? Ist es eine Diagnose, ein Etikett oder vielleicht etwas ganz anderes? Je tiefer ich in die Welt autistischer Frauen eintauchte, desto klarer wurde mir, dass Autismus nicht einfach in eine Schublade passt. Es ist kein medizinisches Problem, das repariert werden muss, sondern eine andere Art zu sein. Autismus ist ein komplexes Gewebe, gesponnen aus unzähligen Fäden, die sich zu einer einzigartigen neurologischen und sensorischen Entwicklung formen.

Für mich war das eine entscheidende Erkenntnis: Es veränderte die Art und Weise, wie ich meine eigenen Stärken und Herausforderungen betrachte. Statt mich mit herkömmlichen Vorstellungen über das menschliche Sein zu vergleichen, begann ich, mein visuelles Denken als wertvolle Ressource zu sehen.

2.1 Das Neurodiversitäts-Paradigma

Für mich war die Entdeckung des Neurodiversitäts-Paradigmas entscheidend, um ein besseres Verständnis für mich selbst zu entwickeln und empathischer mit mir umzugehen. Ich glaube, dass darin viel Raum für Heilung liegt, denn es basiert auf einer neuen Sichtweise darauf, wie Behinderung gesellschaftlich diskutiert wird. Natürlich haben Frauen wie ich Einschränkungen, aber die wirklichen Barrieren und Hindernisse erleben wir insbesondere durch strukturelle Rahmenbedingungen. Bei kaum einer anderen Behinderung werden die Auswirkungen der früheren rein defizitären Betrachtungsweise so deutlich wie beim Thema Autismus.

2.1.1 Das soziale Modell von Behinderung

Die Art und Weise, wie wir über Behinderung denken und sprechen, hat sich in den letzten Jahren stark gewandelt. Wir sehen zwei zentrale Modelle, die diese Diskussion prägen: das medizinische und das soziale Modell.

Das frühere medizinische Modell betrachtet Behinderung als ein individuelles Problem, das tief im Körper der betroffenen Person verankert ist. Es fokussiert sich auf Defizite und Abweichungen von der sogenannten Norm und interpretiert diese als Mängel. Hier wird oft der Gedanke verfolgt, dass es das Ziel sei, diese Behinderung zu heilen oder die Person so anzupassen, dass sie besser in unsere Gesellschaft passt. Die Medizin spielt dabei eine zentrale Rolle, denn sie ist zuständig für Diagnose, Behandlung und Rehabilitation.

Allerdings gibt es auch kritische Stimmen, die darauf hinweisen, dass dieses Modell die sozialen Aspekte von Behinderung ausblendet. Der Fokus auf das Individuum und seine Defizite lenkt von den gesellschaftlichen Barrieren ab, die Menschen mit Behinderungen oft im Weg stehen.

Im Gegensatz dazu stellt das soziale Modell die Gesellschaft in den Mittelpunkt. Es sieht Behinderung nicht als persönliches Problem, sondern als Resultat gesellschaftlicher Strukturen und Barrieren. Hier wird Behinderung als sozial konstruiert betrachtet – die Normen und Einstellungen unserer Gesellschaft bestimmen, was als Behinderung gilt und welche Einschränkungen damit einhergehen.

Das Ziel dieses Modells ist klar: Barrieren sollen abgebaut werden, um eine inklusive Gesellschaft zu schaffen, in der Menschen mit und ohne Behinderungen gleichberechtigt leben können. Empowerment steht im Vordergrund, das heißt, Menschen mit Behinderungen sollen die Kontrolle über ihr Leben haben und ihre Rechte aktiv einfordern.

Ein wichtiger Unterschied zwischen den beiden Modellen ist die Unterscheidung zwischen Beeinträchtigung und Behinderung. Während Beeinträchtigung eine körperliche oder geistige Einschränkung beschreibt, wird Behinderung als eine gesellschaftlich bedingte Einschränkung verstanden. Barrieren können physischer Art sein, wie zum Beispiel Treppen oder enge Türen, oder sie können sozial sein, wie Diskriminierung und Vorurteile. Das soziale Modell fordert, dass Menschen mit Behinderungen ihre eigenen Lebenswege gestalten können und ihre Rechte in der Gesellschaft durchsetzen dürfen.

Warum ist das soziale Modell so wichtig?

Es hat das Bewusstsein für die gesellschaftlichen Ursachen von Behinderung geschärft und die Rechte von Menschen mit Behinderungen gestärkt. Es ruft dazu auf, eine inklusive Gesellschaft zu schaffen, in der alle Menschen gleichberechtigt an allen Aspekten des Lebens teilnehmen können.

Zusammenfassend lässt sich sagen, dass das medizinische Modell Behinderung als individuelles Problem sieht, während das soziale Modell die gesellschaftlichen Ursachen in den Vordergrund rückt. Dieser Paradigmenwechsel hat unsere Sichtweise auf Behinderung entscheidend verändert und fordert uns auf, eine inklusivere Gesellschaft zu gestalten.

2.1.2 Was bedeutet Neurodiversität?

Der Begriff „Neurodiversität" beschreibt die Vielfalt der neurologischen Funktionsweisen des menschlichen Gehirns. Ähnlich wie es verschiedene Persönlichkeiten, Temperamente und Begabungen gibt, existieren auch unterschiedliche Arten, zu denken, zu fühlen und die Welt wahrzunehmen. Neurodiversität schließt sowohl neurotypische als auch neurodivergente Frauen ein – also diejenigen, deren Gehirne „typisch" funktionieren, und jene, deren neurologische Prozesse von der Norm abweichen.

Der Begriff „Neurodiversität" fand in den späten 1990er Jahren seinen Weg in den wissenschaftlichen Diskurs, als Judy Singer ihn aufgriff, um die Vielfalt neurologischer Entwicklungen hervorzuheben. Ihre Rolle bestand darin, die Ideen, die in der InLv-Gruppe[1] bereits diskutiert wurden, zu übernehmen und in ihrer 1998 veröffentlichten Arbeit in ein akademisches Format zu überführen. Singer ist Tochter jüdischer Shoah-Überlebender und spricht offen über ihren Glauben.

Im Gegensatz zu einem defizitorientierten Verständnis neurologischer Unterschiede, wie es oft im medizinischen Modell vorherrscht, versteht Neurodiversität diese als natürliche Variationen des menschlichen Gehirns. Genetische und umweltbedingte Faktoren prägen diese Vielfalt. Neurologische Unterschiede werden demnach nicht nur biologisch bedingt, sondern auch sozial konstruiert. Diagnosen und gesellschaftliche Erwartungen beeinflussen also die Vorstellung über eine ‚normale' Wahrnehmung und das Erleben dieser Unterschiede.

Ursprünge in der Bürgerrechtsbewegung

Die Neurodiversitätsbewegung ist eine autistische Bürgerrechtsbewegung, die sich für die Anerkennung und die Rechte von Menschen mit unterschiedlichen neurologischen Entwicklungen stark macht. Ihre Ursprünge liegen in der digitalen Selbstempowermentbewegung der 1990er Jahre, als autistische Menschen begannen, sich online zu vernetzen und für ihre Rechte zu kämpfen.

Wichtige Meilensteine waren die Gründung von Netzwerken wie der Autism Network International (ANI) im Jahr 1992 durch Jim Sinclair, Kathy Grant und Donna Williams sowie der Independent

---

1   Im Quellenverzeichnis findet sich die Arbeit von Dekker, der sich intensiv damit beschäftigt, wie Judy Singer fälschlicherweise die Erfindung des Begriffs „Neurodiversität" zugeschrieben wurde. Diese fehlerhafte Zuschreibung hat dazu geführt, dass die wahren Ursprünge des autistischen Selbstempowerments übersehen und unsichtbar gemacht wurden.

Living on the Autistic Spectrum (INLv) durch Martijn Dekker im Jahr 1996.

Einige Autorinnen verweisen auch auf die frühere Arbeit von Jim Sinclair, einem autistischen Anwalt, der das Konzept der Neurodiversität weiterentwickelt hat. Er war der Hauptorganisator der internationalen Online-Autismusgemeinschaft. In seiner Rede "Don't mourn for us" (Trauert nicht um uns) aus dem Jahr 1993 betonte Sinclair, dass Autismus keine neurologische Entwicklungsstörung ist, sondern eine Art des Seins.

Ziel ist es, neurologische Unterschiede als Teil der menschlichen Vielfalt anzuerkennen und zu akzeptieren, anstatt sie zu pathologisieren. "Neurominority" wird dabei oft bevorzugt, um die soziale Ungleichheit zu betonen und die Bewegung von medizinischen Definitionen zu trennen. Die Neurodiversitätsbewegung setzt sich für erhöhte Rechte und Zugänglichkeit für Menschen ein, die nicht über eine typische neurokognitive Funktionsweise verfügen, wenn eine solche überhaupt existieren sollte. Es geht dabei nicht darum, das medizinische Modell zugunsten des sozialen Modells von Behinderung, also Diagnosen abzuschaffen, sondern um eine Ausgewogenheit zwischen den Polen.

2.1.3 Intersektionalität

Die Neurodiversitätsbewegung ist eng mit Intersektionalität verbunden und strebt danach, den neurodivergentes Erleben in die Analysewerkzeuge des modernen Feminismus zu integrieren. Dieser Ansatz, der seine Wurzeln in der Emanzipationsbewegung Schwarzer Frauen hat, betrachtet die Ursachen gesellschaftlicher Ungleichheiten aus verschiedenen Perspektiven und geht weit über die bloße Geschlechterungleichheit hinaus.

Die Schwarze Anwältin und Menschenrechtsaktivistin Kimberlé Crenshaw hat den Begriff „Intersektionalität" entwickelt, um zu erklären, dass Menschen oft mehrere, ineinander verwobene Diskriminierungsformen gleichzeitig erleben können. Intersektionalität beschreibt also, wie verschiedene Merkmale wie Geschlecht, Behinderung und Herkunft sich überschneiden und eine spezielle Form von Benachteiligung hervorrufen können.

Besonders sichtbar wird dieses Konzept bei den Erfahrungen autistischer Frauen mit körperlichen Beeinträchtigungen. Diese Frauen erleben nicht nur Ableismus, sondern auch Sexismus und oft Klassismus, was zu einer einzigartigen Form der Diskriminierung führt. Ein Beispiel hierfür ist, wenn autistische behinderte Frauen Schwierigkeiten haben, einen passenden Arbeitsplatz zu finden, weil sie entweder aufgrund ihrer Behinderung abgelehnt werden oder ihre Fähigkeiten als Frau unterschätzt werden. Diese Diskriminierungen verstärken sich gegenseitig und schaffen eine neue, spezifische Form der Benachteiligung.

Crenshaw zeigt, dass Diskriminierungen an den „Schnittstellen" neue Herausforderungen und Formen der Benachteiligung erzeugen können, die mehr sind als die bloße Summe einzelner Vorurteile. Autistische Frauen mit Behinderungen werden häufig „unsichtbar" gemacht, weil ihre Bedürfnisse nicht verstanden werden, was zu weniger sozialer Unterstützung und eingeschränktem Zugang zu Gesundheitsversorgung führen kann.

Das Konzept der Intersektionalität hilft, diese vielschichtigen Herausforderungen besser zu verstehen, da es die Überschneidung mehrerer Diskriminierungen berücksichtigt. Crenshaws Ziel ist es, diese einzigartigen Erfahrungen sichtbar zu machen, damit wir die Komplexität von Diskriminierung im Alltag erkennen und die „Schnittstellen" bei der Bekämpfung von Ungleichheit nicht außer Acht lassen.

Das Ziel der Neurodiversitätsbewegung ist es, diesen einzigartigen Erfahrungen Raum zu geben, damit wir besser verstehen, wie vielfältig und komplex Diskriminierung im Alltag autistischer Frauen und von Frauen mit ADHS aussehen kann und wie wichtig es ist, diese „Schnittstellen" bei der Bekämpfung von Ungleichheit mitzudenken.

2.1.4 Neurodivergenz ist mehr als nur Autismus

"Neurodivergent bezieht sich auf Personen, die auf eine Weise funktionieren, die von den vorherrschenden gesellschaftlichen Normen und Erwartungen abweicht. Wenn man anders denkt, lernt, kommuniziert, fühlt, sich anders verhält, Informationen anders verarbeitet oder anders funktioniert, ist man neurodivergent. Es spielt keine Rolle, wie man zu Ihrer Abweichung gekommen ist; es ist wichtig, dass man abweichend ist - und es gibt so viele Wege, wie Menschen sich unterscheiden können." - Sonny Jane Wise

Ausgehend von den Erfahrungen autistischer Aktivistinnen entwickelte sich das Konzept der Neurodiversität. Die Erkenntnis, dass viele Menschen unabhängig von einer Autismusdiagnose ähnliche Erfahrungen machen, führte zu einer umfassenderen Betrachtung neurologischer Unterschiede. Die PoC[2] Aktivistin Kassiane Asasumasu prägte die Begriffe "Neurodivergenz" und "neurodivergent", um diese Vielfalt zu beschreiben.

Während "neurotypisch" Menschen bezeichnet, deren neurologische Entwicklung als gesellschaftlicher Standard gilt, umfasst "neurodivergent" ein breites Spektrum an neurologischen Unterschieden. Asasumasus Arbeit legte den Grundstein für eine Bewegung, die sich für die Anerkennung und Inklusion neurodivergenter Menschen einsetzt und das Verständnis von Vielfalt in unserem Gehirn erweitert.

---

2 „PoC" – People of Color – bezeichnet Menschen, die nicht als „weiß" gelten und die aufgrund ihrer Ethnizität oder Hautfarbe Rassismus und Diskriminierung erfahren. Dieser Begriff hat eine politische und soziale Bedeutung, da er die Vielfalt und die gemeinsamen Erfahrungen von Menschen sichtbar macht, die in einer rassistisch geprägten Gesellschaft benachteiligt werden. „Weißsein" hingegen wird oft mit bestimmten Privilegien verbunden – sei es in Bezug auf

Der Begriff „neurodivers" fasst all diese Unterschiede zusammen und signalisiert, dass es keine „richtige" oder „falsche" Art des Denkens gibt – nur verschiedene. Neurodiversität ist Teil einer breiten Palette menschlicher Erfahrungen und Wahrnehmungen, und diese Vielfalt stärkt unsere Gesellschaft. In diesem Buch werde ich mich hauptsächlich auf Autismus konzentrieren, da bereits das autistische Spektrum eine große Bandbreite umfasst.

2.1.5 Neurodiversität mag keinen Klassismus

Das Ziel der Neurodiversitätsbewegung ist es, einen grundlegenden Wandel in der Gesellschaft zu bewirken, indem sie den Begriff „Intersektionalität" als Schlüsselkategorie in die Analysewerkzeuge des modernen Feminismus integriert. Der intersektionale Feminismus, der als Teil der vierten Welle des Feminismus verstanden wird, fordert eine tiefere Auseinandersetzung mit gesellschaftlichen Ungleichheiten aus vielfältigen Blickwinkeln.

Dieser Ansatz geht auf die Emanzipationsbewegung Schwarzer Frauen zurück und betont, dass es nicht nur um die Ungleichheit der Geschlechter geht, sondern auch um das Zusammenspiel von Diskriminierungsformen wie Rassismus, sozialer Herkunft oder Behinderung. Das Ziel ist es, die komplexen und oft miteinander verflochtenen Benachteiligungen von Individuen sichtbar zu machen und diese auf einer strukturellen Ebene anzugehen.

Die Neurodiversitätsbewegung stellt sich in diesem Kontext als Teil dieses intersektionalen Diskurses und fordert die Anerkennung und Gleichwertigkeit neurodivergenter Menschen, insbesondere Autis-

---

den Zugang zu Ressourcen, Bildung, Arbeitsmöglichkeiten oder gesellschaftlicher Akzeptanz. Doch „weiß" ist keine homogene Gruppe; innerhalb dieser Kategorie gibt es vielfältige ethnische und kulturelle Unterschiede. Was jedoch zentral bleibt, ist die Zugehörigkeit zu einer rassifizierten Gruppe, die in einer rassistischen Gesellschaft systematisch bevorzugt wurde – und auch heute noch wird. Ein vertiefender Blick auf tinnen und Frauen mit ADHS. Sie will sicherstellen, dass auch ihre Erfahrungen und Bedürfnisse in der breiteren Diskussion um soziale Gerechtigkeit und Gleichberechtigung gehört und berücksichtigt werden.

Intersektionalität ist wichtig, um die unterschiedlichen Lebensrealitäten und Herausforderungen von Menschen zu verstehen. In vielen feministischen Diskussionen wird die Situation von Frauen mit Behinderungen, wie zum Beispiel einer autistischen Frau mit körperlicher Beeinträchtigung wie mir, oft nicht berücksichtigt. Auch in den aktuellen feministischen Debatten, die ich in den Medien sehe, wird die Perspektive von Frauen wie mir kaum beachtet.

Intersektionalität wird dabei oft nur als Schlagwort von privilegierten[3] Menschen verwendet; eine Gruppe von Menschen, die sich nur aufgrund einfacherer Zugänge bestimmtes akademisches Wissen aneignen konnte, um sich letztlich damit gegenüber anderen aufzuwerten und noch weiter abzugrenzen. Dafür ist das Konzept der Intersektionalität ursprünglich nicht gedacht gewesen. Das finde ich, salopp im Sprech der Gen Z ausgedrückt, bodenlos : !!!111!

Klassismus bedeutet, dass Menschen wegen ihrer sozialen Herkunft oder finanziellen Situation benachteiligt werden. Es gibt Vorurteile, die Menschen aufgrund ihres sozialen Status abwerten oder ausschließen. Das bedeutet, dass Menschen aus ärmeren Schichten oft weniger Chancen im Leben haben. Sie sind in Bereichen wie Bildung, Jobmöglichkeiten oder dem Zugang zu sozialen

Diensten benachteiligt. Besonders autistische Frauen erleben hier viele Nachteile, darunter auch hochbegabte Frauen oder jene, die als besonders schön angesehen werden. Diese Frauen haben mit

---

Rassismus als gesellschaftliches System findet sich in der Arbeit von Rommelspacher, die im Literaturverzeichnis aufgeführt ist.

3   Mehr über den Begriff „Privilegien" als Ausdruck von Macht und Dominanz kann man in den Arbeiten von Attia nachlesen. Diese erklären, wie Privilegien in der Gesellschaft entstehen und welche Ungleichheiten sie verstärken, insbesondere

noch ganz anderen Herausforderungen zu kämpfen haben, werden aber oft nicht ernst genommen. Einen Satz, den ich nie wieder hören möchte: "Sie sind doch eine so schöne kluge Frau. Sie schaffen das!"

Weitere Beispiele für Klassismus sind, wenn jemand wegen seines Dialekts, seiner Kleidung oder seines Wohnorts als weniger intelligent oder weniger wertvoll angesehen wird. Diese Aspekte führen oft dazu, dass autistische Frauen ausgeschlossen werden. Frauen wie wir haben für gewöhnlich nie mit zu den coolen Kids gehört. Für die meisten ist das auch im Erwachsenenalter noch so.

Klassismus zeigt sich auch in politischen Entscheidungen und gesellschaftlichen Normen, die Menschen aus benachteiligten Schichten nicht die gleichen Chancen bieten wie anderen. Oft sind Autistinnen aber erst durch diese Bedingungen zu benachteiligten Personen geworden.

Für viele Frauen in meiner Zielgruppe ist bspw. die oft akademische Sprache in den Medien nur schwer verständlich. Und so beeinflusst Klassismus als Diskriminierungsform den Zugang zu Literatur, in der über Autistinnen geschrieben wird. Außerdem ist auch die Sprache in Fachbüchern, die für Autistinnen geschrieben wurde, nicht auf die Bedürfnisse der Zielgruppe angepasst. Was nützen all die klugen Worte, wenn sie nicht konsumierbar sind?

Das ist im Übrigen einer der maßgeblichen Gründe, weshalb ich keinen Verlag für dieses Buch gesucht habe und sowohl die Texte als auch das Layout mithilfe mehrfacher Feedbackschleifen gemeinsam mit den Frauen meiner Instagram-Community entwickelt habe. Es geht inhaltlich um Autistinnen, also sollen diese Frauen über das Produkt auch mitentscheiden.

im Zusammenhang mit Machtstrukturen und sozialen Hierarchien. Eine entsprechende Quelle hierzu ist im Literaturverzeichnis zu finden.

Mein Anliegen ist es, dass autistische Frauen und Frauen mit ADHS eine starke Stimme haben und für sich selbst sprechen. Das ist wichtig, für Sichtbarkeit und um eine inklusive Bewegung zu schaffen, die alle Aspekte von Identität und Erfahrung berücksichtigt. Dieses Buch soll dabei helfen, komplizierte Themen in verständlicher Sprache zu vermitteln, denn Wissen ist Macht und Macht gehört schließlich geteilt.

In den folgenden Kapiteln wird daher deutlich, wie es dazu kommt, dass Frauen wie ich sich nicht von Menschen als Betroffene bezeichnen lassen möchten, durch die sie eigentlich erst zu Betroffenen gemacht werden. Vor diesem Hintergrund ist es mir wichtig zu betonen, dass ich auch Beschreibungen wie „die junge Frau, die unter Autismus leidet" fürchterlich finde. Mein Autismus ist nicht das Problem, sondern unsichtbare Barrieren, durch die ich im Alltag Behinderung erlebe.

Auch die Bezeichnung „auf dem Autismusspektrum" sehe ich kritisch. Ich sitze auf einem Stuhl, springe auf dem Trampolin oder laufe auf der Straße. Autismus ist aber der Untergrund auf dem ich mich bewege.

Ich bin auch keine „Frau mit Autismus". Autismus ist bei mir keine zusätzliche Software auf meinem Betriebssystem. Autismus ist mein Betriebssystem, weshalb ich die Bezeichnung Autistin vollkommen ausreichend finde. Alternativ finde ich Frau im Autismusspektrum auch noch in Ordnung.

2.2 Autismus im Wandel der Zeit

2.2.1 Das frühere lineare Modell

Früher wurde Autismus in einem linearen Modell verstanden, das Menschen in Kategorien wie „schwer" oder „leicht" einteilte. Menschen, die als „schwer autistisch" galten, wurden häufig als unfähig betrachtet, alltägliche Aufgaben zu bewältigen. „Leicht autistische" Personen wurden als jene wahrgenommen, die sich weitgehend in die neurotypische Gesellschaft einfügen konnten.

Dieses lineare Verständnis war jedoch ungenau und einschränkend. Es suggerierte, dass Autismus immer in denselben Stufen auftritt und in allen Lebensbereichen gleich stark ausgeprägt ist. Menschen wurden in Kategorien wie „hochfunktional" oder „niedrigfunktional" gepresst, was viele Aspekte des autistischen Erlebens unsichtbar machte.

2.2.2 Das neue Modell von Autismus als Spektrum

Heute wissen wir, dass Autismus nicht auf einer linearen Skala abgebildet werden kann. Stattdessen nutzen viele das Bild eines Rads, um die verschiedenen Facetten des autistischen Seins zu verdeutlichen. Dieses Rad repräsentiert unterschiedliche Bereiche, wie Kommunikation, soziale Interaktion, sensorische Wahrnehmung, Detailverliebtheit, Spezialinteressen oder Reizempfindlichkeit. Jeder dieser Bereiche variiert von Person zu Person.

Das Rad-Modell zeigt, dass Autismus ein komplexes Zusammenspiel von Stärken und Herausforderungen ist. Eine Frau kann in einem Bereich große Schwierigkeiten haben und gleichzeitig in einem anderen überdurchschnittliche Fähigkeiten aufweisen.

2.2.3 Eine Theorie über Autistinnen in der Steinzeit

Die heutige Sicht auf Autismus als Defizit ist ein modernes Konstrukt. Wenn wir jedoch einen Blick in die Vergangenheit werfen, insbesondere in die Zeit der Jäger und Sammler, wird deutlich, dass die Eigenschaften autistischer Menschen damals einen großen Nutzen gehabt haben könnten.

Ich stelle mir vor, dass das Überleben der Menschheit von unterschiedlichen Fähigkeiten abhing. Autistische Merkmale wie eine außergewöhnliche Detailverliebtheit, intensive Fokussierung auf spezielle Themen und sensorische Sensibilität hätten in der Steinzeit wohl eine entscheidende Rolle gespielt. In einer Welt, in der es keine schriftlichen Anleitungen oder Technologien gab, waren die präzise Beobachtung der Natur, das Identifizieren von Gefahrensignalen und das Auffinden von Nahrung und Wasser wahrscheinlich essenziell.

Autistische Menschen hätten in einer solchen Umgebung besonders wertvolle Fähigkeiten einbringen können. Die Fähigkeit, in Bildern zu denken und sich stundenlang mit einem Problem zu beschäftigen, wäre in dieser Zeit von unschätzbarem Wert gewesen. Die tiefe, intuitive Empathie autistischer Synästhetikerinnen könnte ausschlaggebend dafür gewesen sein, dass das körperliche und seelische Wohlbefinden der Menschen Beachtung fand. Viele Autistinnen haben oft eine einzigartige Fähigkeit, eine tiefe Verbindung zu Tieren aufzubauen. Dieses Vertrauen, das Tiere ihnen entgegenbringen, war vielleicht ein entscheidender Faktor bei der Domestizierung von Nutztieren.

Solche Spezialfähigkeiten, die oft mit einer intensiven Konzentration und einem außergewöhnlichen Gedächtnis einhergehen, hätten wahrscheinlich dazu geführt, dass autistische Frauen wichtige Aufgaben übernommen hätten – beispielsweise als Hüterinnen von Wissen, Expertinnen für bestimmte Handwerke oder Heilerinnen der Kranken.

2.2.4 Die Rolle der sozialen Struktur

Während soziale Interaktionen in der modernen Gesellschaft oft als Maßstab für „Funktionalität" gelten, war in der Steinzeit die Spezialisierung auf spezifische Fähigkeiten wichtiger. Autistische Frauen wären vielleicht weniger in soziale Rituale eingebunden gewesen, aber ihre Rolle als Expertinnen in spezialisierten Aufgaben hätte ihnen eine wertvolle Position innerhalb ihrer Gemeinschaft verschafft.

Das Bedürfnis vieler autistischer Frauen nach Rückzug und Ruhe, um ihre Gedanken zu sortieren, hätte ebenfalls nützlich sein können. In einer Welt, in der Überlebensstrategien und komplexe Jagdtechniken entwickelt werden mussten, wäre die Fähigkeit, sich intensiv auf diese Aufgaben zu konzentrieren, von Vorteil gewesen.

2.2.5 Der Mensch im Zentrum

Das Rad-Modell des Autismus bietet ein flexibleres und menschenzentriertes Verständnis. Es rückt von der starren Einteilung in „hoch-" und „niedrigfunktional" ab und erlaubt es, jede autistische Frau in ihrer Einzigartigkeit zu sehen. Autistinnen lassen sich nicht auf einer Skala einordnen, sondern haben jeweils ein eigenes Profil mit individuellen Stärken und Herausforderungen. Dieses Modell erlaubt eine nuanciertere Darstellung des autistischen Spektrums. Dadurch wird es einfacher, individuelle Stärken zu identifizieren, ohne Menschen in starre Schubladen zu stecken.

3. Die Schönheit des autistischen Seins

Autismus ist keine Krankheit oder Diagnose im medizinischen Sinne, die „repariert" werden muss. Es handelt sich um eine neurologische Variante, die anders, aber nicht schlechter ist. Die autistische Art des Denkens und Wahrnehmens ist ebenso natürlich wie jede andere neurologische Entwicklung.

Viele autistische Menschen sind bereits aktive Mitglieder der Gesellschaft, doch Missverständnisse und Vorurteile erschweren ihre volle Teilhabe. Es ist daher umso wichtiger, Wissen über Autismus zu verbreiten und Akzeptanz zu fördern, um die Einzigartigkeit jeder autistischen Person zu unterstützen und ihre Individualität zu stärken.

Autismus bringt besondere Stärken mit sich – etwa ein außerge-wöhnliches Gedächtnis, Detailverliebtheit und die Fähigkeit, Proble-me aus neuen Perspektiven zu betrachten. Das hängt mit dem ver-schieden ausgeprägten Wahrnehmungsprofil zusammen, das wir ab dem kommenden Kapitel zusammen erkunden.

Visuelles Denken und ein besonderer Blick auf die Welt

Viele autistische Frauen – mich eingeschlossen – sind visuelle Den-kerinnen. Unsere Gehirne schaffen Verbindungen und Muster, die neurotypischen Menschen oft verborgen bleiben. Diese Art des as-soziativen Denkens ermöglicht es uns, die Welt auf eine tiefere, de-tailliertere Weise zu betrachten. Für mich war es eine entscheiden-de Erkenntnis, dieses Denken als Stärke zu sehen, wodurch bspw. dieses Buch hier entstehen konnte.

Überleben in der modernen Welt

Heute leben wir in einer Gesellschaft, die oft neurotypische Normen als Maßstab setzt. Autistinnen werden häufig dazu gedrängt, sich diesen Normen anzupassen. Dies kann anstrengend sein und führt oft dazu, dass autistische Frauen „maskieren", also ihre authenti-sche Art zu sein unterdrücken, um nicht aufzufallen. Doch es

ist wichtig, sich daran zu erinnern: Unsere Unterschiede sind keine Defizite, sondern wertvolle Variationen des Menschseins. Bei vielen autistischen Frauen ist das eigene Sein daher nicht mit Leid verbunden.

Allerdings gibt es natürlich auch unter uns Profile, bei denen außer-gewöhnliche Gaben mit großen Herausforderungen einherge-

hen. So empfinde ich bspw. meine feine Sinneswahrnehmung als et-was Wundervolles. Sie ist ein Teil von mir. In unserer immer lauter werdenden Welt, die immer weniger Rückzugsmöglichkeiten bietet, schränkt meine hohe Sensibilität meine Teilhabe am öffentlichen Leben jedoch zunehmend ein.

Vor 50 Jahren hätte ich vermutlich keinen Behindertengrad beantragen müssen, um Unterstützung bei alltäglichen Aufgaben wie Einkäufen zu erhalten. Die Lichtfrequenzen der Kühlschränke in Supermärkten oder das laute Piepen an den Kassen ist für mich schmerzhaft. Auch mit Hilfsmitteln bin ich deshalb nach Einkäufen wesentlich erschöpfter als der Großteil der Menschen und muss mich erst einmal erholen. Das ist für Außenstehende nur schwer nachvollziehbar, macht mich aber abhängig von Dritten, wenn es um meine Versorgung geht.

Autismus als Teil der menschlichen Vielfalt

Autismus ist aus meiner Sicht daher keine „Störung", sondern eine andere Art, die Welt zu erleben. Unsere Stärken – visuelles Denken, Detailverliebtheit, assoziatives Denken – sind wertvoll und sollten als solche erkannt werden. Indem wir die Vielfalt neurodivergenter Frauen, wie die der Autistinnen, schätzen, können wir eine inklusivere und gerechtere Gesellschaft schaffen.

Manchmal fühle ich mich wie
ein Verstärker in einer Welt voller Geräusche
– jeder Klang wird zum Orchester,
das mir den Verstand raubt.

Aber es gibt auch Tage,
an denen ich wie ein Stummfilm
durch die Welt gehe und die
kleinen Dinge einfach
nicht wahrnehme.

TEIL II – WAHRNEHMUNG

4. Exekutive (Dys-)funktion

> „Es ist, als würde mein Gehirn manchmal einen eigenen Willen haben. Ich möchte wirklich, aber ich kann einfach nicht und fühle mich dann hilflos."

Die exekutive Funktion ist wie ein innerer Regisseur, der unsere Gedanken, Gefühle und Handlungen steuert. Sie hilft uns, Aufgaben zu planen, Entscheidungen zu treffen und unser Verhalten zu kontrollieren.

Bei Autistinnen kann die exekutive Funktion unterschiedlich ausgeprägt sein. Das kann sich in Schwierigkeiten bei der Organisation, der Zeitplanung oder der Anpassung an neue Situationen äußern.

Beispiele

- Ich habe Schwierigkeiten, mich auf eine Aufgabe zu konzentrieren, wenn es viele Ablenkungen gibt.

- Oft esse ich das Gleiche, oder koche für mehrere Tage riesige Portionen vor, um mental entlasteter zu sein.

- Ich habe oft das Gefühl, überfordert zu sein, wenn ich mehrere Dinge gleichzeitig tun muss. Multitasking ist für mich persönlich eine absolute Horrorvorstellung.

Fragen an dich

- In welchen Bereichen bemerkst du bei dir, dass du willst, aber aus dir unerklärlichen Gründen nicht kannst?

- Welche Strategien helfen dir, diese Schwierigkeiten zu bewältigen?

- Welche deiner Stärken nutzt du, um deine Schwächen auszugleichen?

5. Sensorische Wahrnehmung

„Die Sinneswahrnehmung autistischer Frauen ist wie ein eigener Kosmos. Habt ihr manchmal das Gefühl, dass eure Welt ganz anders klingt, riecht oder sich anfühlt als die von anderen? Das ist ganz normal für uns!"

5.1 Ein Kaleidoskop der Empfindungen

5.1.1 Hyper- und Hyposensibilität

Diese Begriffe beschreiben die unterschiedliche Intensität, mit der wir Sinnesreize wahrnehmen. ‚Hypo-' bedeutet unterempfindlich, während ‚Hyper-' überempfindlich bedeutet. Stellt euch vor, eure Sinne sind wie Lautstärkeregler. Bei manchen Menschen sind sie auf einer mittleren Stufe eingestellt, bei uns Autistinnen können sie aber oft ganz schön aus dem Takt geraten.

- **Hypersensibilität:** Das bedeutet, dass unsere Sinne besonders empfindlich sind. Kleine Geräusche können uns schon überfordern, bestimmte Stoffe auf der Haut fühlen sich unangenehm an und manchmal stört uns sogar Licht.

- **Hyposensitivität:** Hier ist es genau umgekehrt. Wir nehmen bestimmte Reize weniger stark wahr. Vielleicht habt ihr schon erlebt, dass ihr euch nicht so schnell erkältet oder dass euch Hitze oder Kälte nicht so schnell auffällt.

5.1.2 Sensory Seeking und Sensory Avoidance

Diese beiden Begriffe beschreiben, wie wir auf unsere ungewöhnliche Sinneswahrnehmung reagieren.

- **Sensory Seeking:** Das ist unser Bedürfnis, unsere Sinne zu stimulieren. Wenn wir uns unterfordert fühlen, suchen wir nach intensiven Reizen. Vielleicht mögt ihr bestimmte Texturen besonders gerne, hört laut Musik, bewegt euch viel oder tragt möglicherweise besonders bunte Kleidung?

- **Sensory Avoidance:** Wenn wir von zu vielen Reizen überfordert sind, versuchen wir sie zu vermeiden. Vielleicht zieht ihr euch in ruhige Räume zurück, tragt Kopfhörer oder wählt Kleidung aus besonders weichen, sehr leichten Stoffen.

5.2 Im Chaos der Reize

Für autistische Frauen ist es oft herausfordernd, klar zu definieren, welcher Reiz von wo kommt, ob er als angenehm oder unangenehm empfunden und wie stark er überhaupt wahrgenommen wird.

- **Verzerrte Wahrnehmung:** Aufgrund der unterschiedlichen Sensibilitäten können Reize verzerrt oder verstärkt wahrgenommen werden. Ein Geräusch, das für andere als leise gilt, kann für eine Person mit Hypersensibilität als ohrenbetäubender, gar unerträglicher Lärm empfunden werden.

- **Überlagerung von Sinnen:** Die Sinne können sich bei Autistinnen oft überlagern. Ein bestimmter Geruch kann beispielsweise mit einem bestimmten Gefühl oder einer bestimmten Erinnerung verbunden sein, was die Wahrnehmung einer Situation zusätzlich beeinflussen kann.

- **Schnelle Wechsel:** Die Sensibilität kann sich im Laufe des Tages oder in verschiedenen Situationen stark verändern. Was heute als angenehm empfunden wird, kann morgen bereits als äußerst unangenehm empfunden werden.

5.3 Die Notwendigkeit der Anpassung

Aufgrund dieser komplexen Wahrnehmungsweise müssen sich autistische Frauen ständig anpassen, was viel Kraft kostet. Sie müssen lernen, ihre Umgebung so zu gestalten, dass sie möglichst wenig überfordert werden und gleichzeitig ihre sensorischen Bedürfnisse befriedigen können. Dies erfordert eine hohe Sensibilität für die eigenen Bedürfnisse und eine große Flexibilität.

Beispiele

Hypersensibilität und Sensory Avoidance beim Riechen

- **Hypersensibilität:** Viele autistische Frauen reagieren extrem empfindlich auf bestimmte Gerüche. Vielleicht stört dich der Geruch von Parfüm, Zigarettenrauch oder bestimmten Lebensmitteln so stark, dass du dich unwohl fühlst und dich zurückziehen musst.

- **Sensory Avoidance:** Um diese unangenehmen Gerüche zu vermeiden, trägst du vielleicht ständig einen Schal oder eine Maske, vermeidest bestimmte Orte oder hast bei Lebensmitteln eine ganz besonders sorgfältige Auswahl.

Hyposensitivität und Sensory Seeking bei Berührung

- **Hyposensitivität:** Manche autistische Frauen nehmen Berührungen weniger stark wahr. Vielleicht merkst du nicht sofort, wenn dich jemand anfasst, oder du brauchst einen stärkeren Druck, um Berührungen zu spüren.

- **Sensory Seeking:** Um dieses Gefühl zu verstärken, suchst du vielleicht nach intensiven Berührungsreizen. Das kann bedeuten, dass du dich gerne in Decken einwickelst, dich kräftig massierst oder bestimmte Texturen besonders gerne berührst.

Hypersensibilität und Sensory Avoidance im Bereich des Schmeckens

- **Hypersensibilität:** Viele autistische Frauen haben eine sehr empfindliche Zunge und reagieren stark auf bestimmte Geschmäcker. Bittere oder säuerliche Speisen können als außerordentlich überwältigend empfunden werden.

- **Sensory Avoidance:** Um diese Überreizung zu vermeiden, entwickeln manche Frauen eine starke Abneigung gegen bestimmte Lebensmittelgruppen. Sie können beispielsweise nur sehr wenige verschiedene Texturen tolerieren oder müssen bestimmte Gewürze komplett meiden.

Hyposensitivität und Sensory Seeking im Bereich des Fühlens

- **Hyposensitivität:** Einige autistische Frauen haben einen weniger ausgeprägten Tastsinn. Sie könnten beispielsweise weniger empfindlich auf Schmerz oder Kälte reagieren.

- **Sensory Seeking:** Um ihre Sinne zu stimulieren, suchen sie aktiv nach intensiven Berührungsreizen. Sie könnten sich beispielsweise gerne fest drücken, Gegenstände kneten oder sich mit groben Materialien regelrecht ummanteln.

5.4 Sehen

„Meine Augen sind wie Kameras, die die Welt auf ihre ganz eigene Weise einfangen."

Visuelle Wahrnehmung ist die Kunst, die Welt mit unseren Augen zu interpretieren und zu verstehen. Für Autistinnen ist das mehr als nur das Sehen. Es ist ein komplexer Prozess, bei dem unsere Augen, unser Gehirn und unsere Erfahrungen zusammenwirken, um die Welt um uns herum zu konstruieren.

Unsere Augen sind wie eine Kamera mit einem besonderen Filter. Sie fangen ständig Bilder ein, die oft schärfer und detailreicher sind als bei anderen. Manchmal können diese vielen Eindrücke jedoch überfordernd sein. Wir sehen die Welt in einem intensiven Kaleidoskop aus Farben und Mustern, das uns fasziniert, aber auch herausfordern kann.

Während andere Menschen die Welt vielleicht wie durch einen Schleier betrachten, sehen wir sie oft gestochen scharf. Unsere Wahrnehmung ist intensiver und detailreicher. Das kann zu einer faszinierenden, aber auch herausfordernden Erfahrung werden.

Vereinfacht gesagt, betrachte ich die Welt immer in einem Dreieck. Mein Blick richtet sich automatisch auf die einzelnen Punkte an den Ecken, und dabei zoomt er unwillkürlich auf Details. Das geschieht unbewusst und innerhalb von Millisekunden. In meinem Kopf wird dann das Gesamtbild systematisch und zwar etwas verzögert zusammengesetzt.

Das ist einfach meine natürliche Art des Sehens. Ich habe keinen Panoramablick; stattdessen fügt sich alles nach und nach wie in einem Mosaik zusammen. Vielleicht wird durch diese Beschreibung klar, warum das Bild des Puzzles oft verwendet wird, um zu erklären, wie autistische Menschen ihre Umwelt wahrnehmen. Diese Art der Wahrnehmung betrifft nicht nur das Sehen, sondern erstreckt sich auf alle anderen Sinneseindrücke. Anhand des Sehens lässt sich das nur leichter erklären.

Beispiele

- **Muster und Strukturen:** Viele Autistinnen lieben es, Muster in Tapeten, Stoffen oder der Natur zu entdecken. Diese können für uns beruhigend oder faszinierend sein.

- **Überempfindlichkeit:** Helle Lichter, starke Kontraste oder blinkende Bildschirme können für uns sehr anstrengend sein und Kopfschmerzen oder Migräneanfälle verursachen.

- **Detailgenauigkeit:** Wir können feinste Unterschiede in Farben, Formen und Strukturen erkennen, was uns beispielsweise beim Malen oder Fotografieren Vorteile verschafft.

- Gibt es bestimmte Farben, Muster oder Formen, die dich besonders ansprechen oder beruhigen?

- In welchen Situationen fühlst du dich visuell überfordert?

- Wie kannst du deine visuelle Wahrnehmung nutzen, um deinen Alltag für dich angenehmer zu gestalten?

5.5. Schmecken

> „Geschmack ist mehr als nur süß, sauer, bitter, salzig oder umami. Für mich ist er eine ganze Sinfonie, die in meinem Mund spielt."

Für Autistinnen ist Essen nicht nur Nahrungsaufnahme, sondern ein komplexes Zusammenspiel von Geschmack, Erinnerung und Emotion. Bestimmte Lebensmittel können so ein tiefes Gefühl von Geborgenheit auslösen, wie als wenn man in eine vertraute Welt zurückkehrt.

Umgekehrt kann ein unerwarteter Geschmack in einem Gericht, das eigentlich gemocht wird, zu einer erheblichen Störung führen. Es ist, als würde ein vertrauter Ablauf plötzlich unterbrochen. Aus diesem Grund sind abweichendes Essverhalten oder auch verschiedene Formen von Essstörungen bei Frauen im Autismusspektrum nicht ungewöhnlich. Hierzu können bspw. Binge-Eating, Anorexia nervosa, die Avoidant-restrictive food intake disorder (ARFID) oder auch das Pica-Syndrom gehören.

Viele Autistinnen berichten von einer intensiveren oder andersartigen Wahrnehmung von Geschmackserlebnissen. Manchmal sind bestimmte Geschmäcker so überwältigend, dass sie als unangenehm empfunden werden. Andere wiederum lieben die Vielfalt und Komplexität von verschiedenen Aromen.

Beispiele

- **Die perfekte Pizza:** Eine Pizza muss genau die richtige Menge an Käse und Gewürzen haben. Zu viel oder zu wenig und sie schmeckt einfach nicht. Ich würde sie nicht essen.

- **Das Problem mit dem Ketchup:** Der säuerliche Geschmack von Ketchup kann bspw. als zu intensiv empfunden werden, weshalb er von vielen von uns vermieden wird.

- **Entdeckungsreisen in der Küche:** Viele Autistinnen lieben es, neue Lebensmittel auszuprobieren und dabei neue Geschmackserlebnisse zu entdecken. Allerdings braucht es dann sehr oft auch entweder die gleichen Lebensmittel, (sog. Same Foods) oder welche, die sensorisch nicht stören, und man weiß, was auf einen zukommt (sog. Safe Foods).

Fragen für dich

- Wie beeinflusst dein Geschmackssinn deinen Alltag? Welche Geschmäcker magst du besonders gerne und warum?

- Gibt es bestimmte Lebensmittel, die du aufgrund ihres Geschmacks eher vermeidest oder gar nicht konsumierst?

- Hast du schon einmal versucht, neue Geschmäcker zu entdecken?

5.6. Riechen

„Manchmal fühle ich mich, als hätte meine Nase einen eigenen Verstand. Sie nimmt Gerüche auf, die andere gar nicht wahrnehmen, und kann mich damit überwältigen oder beruhigen."

Unsere Nase hilft uns, die Welt um uns herum zu riechen. Für uns, als Autistinnen, können Gerüche jedoch eine ganz besondere Bedeutung haben. Manchmal sind sie so intensiv, dass sie uns überfluten oder sogar Angst machen können.

Stell dir vor, du betrittst ein Geschäft mit vielen verschiedenen Parfüms. Für andere mag das ein angenehmer Duft sein, für dich kann es aber ein überwältigendes Erlebnis sein. Oder vielleicht liebst du den Geruch von frisch gebackenem Brot und fühlst dich dadurch besonders wohl.

Beispiele

- **Überwältigung durch alltägliche Gerüche:** Während ein nicht-autistischer Mensch den Geruch von Parfüm oder Essen in einem Restaurant als angenehm empfindet, kann eine Autistin diesen Geruch als so intensiv wahrnehmen, dass er sie überwältigt und ihn sogar unangenehm findet.

- **Verwendung von Gerüchen zur Orientierung:** Einige Autistinnen nutzen Gerüche, um sich in ihrer Umgebung zurechtzufinden. Sie können sich beispielsweise an bestimmten Düften orientieren, um bspw. den Weg zu einem bestimmten Ort wieder zu finden.

- **Unangenehme Reaktionen auf bestimmte Gerüche:** Manche Autistinnen reagieren auf bestimmte Gerüche mit körperlichen Symptomen wie Kopfschmerzen, Übelkeit, nervösen Unruhezuständen bis hin zu Panikattacken.

- **Verlust des Geruchssinns:** Im Gegensatz zu einer verstärkten Wahrnehmung können Autistinnen auch einen verminderten Geruchssinn haben. Sie nehmen bestimmte Gerüche gar nicht oder nur sehr schwach wahr.

Fragen an dich

- Gibt es bestimmte Gerüche, die du nicht ertragen kannst?

- Wie beeinflusst dein Geruchssinn deine Essgewohnheiten?

5.7. Tasten

„Manchmal fühlt sich meine Haut an, als wäre sie ein empfindliches Instrument. Jede Berührung wird verstärkt und kann entweder zu einer angenehmen Melodie oder einem unangenehmen Lärm werden."

Unsere Haut ist unser größtes Sinnesorgan. Sie ermöglicht es uns, die Welt um uns herum zu fühlen. Für uns als Autistinnen können Berührungen jedoch ganz anders empfunden werden. Manchmal sind sie angenehm, manchmal aber auch unangenehm oder sogar schmerzhaft.

Stell dir vor, du trägst ein Kleidungsstück, das kratzt oder juckt. Für andere mag das vielleicht nur ein kleines Problem sein, für eine Frau wie mich kann es aber zu einer echten Qual werden. Oder vielleicht liebst du es, in weiche Stoffe eingehüllt zu sein und spürst jeden einzelnen Faden.

Beispiele

- **Überempfindlichkeit gegenüber bestimmten Materialien:** Viele Autistinnen reagieren stark auf bestimmte Materialien, wie z.B. bestimmte Stoffarten (z.B. Wolle), Etiketten in Kleidung oder raue Oberflächen. Diese können als unangenehm oder sogar schmerzhaft empfunden werden und zu Vermeidungsverhalten führen.

- **Suche nach sensorischen Stimuli:** Um eine Unterempfindlichkeit auszugleichen, suchen manche autistische Frauen aktiv nach sensorischen Eingaben. Sie mögen es beispielsweise, bestimmte Oberflächen zu berühren, sich zu drehen oder zu schaukeln, um sich zu beruhigen oder sich besser zu konzentrieren.

- **Störung durch unerwartete Berührungen:** Unerwartete Berührungen können für Autistinnen sehr störend sein. Ein Klaps auf die Schulter oder ein zu fester Händedruck können als unangenehm oder sogar bedrohlich empfunden werden.

Fragen an dich

- Gibt es bestimmte Materialien, die du nur schwer oder vielleicht überhaupt gar nicht berühren kannst?

- Wie beeinflusst deine taktile Wahrnehmung deine Kleidungsauswahl?

- Welche Berührungen findest du besonders angenehm und entspannend?

5.8 Hören

> „Ich bin wie auf einer Insel, umgeben von einem Meer aus Geräuschen, die andere kaum bemerken."

Stell dir vor, jeder Ton wird wie unter einer Lupe betrachtet. Jedes Rascheln, jedes Husten, jedes Summen wird verstärkt wahrgenommen. Das ist Geräuschüberempfindlichkeit. Für viele Autistinnen ist die Welt voller Geräusche, die andere gar nicht oder kaum wahrnehmen können, selbst wenn sie sich darauf konzentrieren.

5.8.1 Beeinträchtigte Sprachverarbeitung

Sprachverarbeitung bezieht sich darauf, wie wir gesprochene Sprache verstehen und produzieren. Bei manchen Autistinnen kann die Sprachverarbeitung beeinträchtigt sein. Das kann sich auf verschiedene Weise äußern:

- Schwierigkeiten beim Verstehen komplexer Sätze oder Ironie.

- Probleme bei der Auswahl der ‚wirklich' richtigen Worte.

- Unangenehme Störungen im Sprach- und Redefluss in Gesprächen.

Schwierigkeiten bei der Interpretation nonverbaler Kommunikation, wie bspw. von Mimik und Gestik, aufgrund von Konzentrationsschwierigkeiten in Gesprächen.

Auswirkungen auf die soziale Interaktion

- **Missverständnisse:** Aufgrund der Schwierigkeiten bei der Sprachverarbeitung können wirklich unglückliche Missverständnisse in Gesprächen oder gar Konflikte entstehen.

- **Soziale Isolation:** Betroffene ziehen sich oft aus sozialen Situationen zurück, um sich nicht durch Missverständnisse bloßzustellen.

- **Angst vor sozialen Situationen:** Die Angst davor, Gesprächsinhalte nicht richtig zu verstehen, kann zu einer Vermeidung von sozialen Kontakten bis hin zu Isolation führen.

5.8.2 Tinnitus

Tinnitus ist ein Ohrgeräusch, das nicht von außen verursacht wird. Es kann wie ein Pfeifen, Summen oder Rauschen wahrgenommen werden. Für autistische Frauen kann Tinnitus besonders belastend sein, da er die ohnehin schon erhöhte Sensibilität für Geräusche verstärkt.

Auswirkungen

- **Isolation:** Tinnitus kann zu sozialem Rückzug führen, da Betroffene befürchten, dass andere ihr Ohrgeräusch hören.

- **Depressionen und Angstzustände:** Der ständige Lärm kann zu psychischen Belastungen führen.

- **Schlafstörungen:** Tinnitus kann den Schlaf erheblich beeinträchtigen.

- **Konzentrationsschwierigkeiten:** Das ständige Ohrgeräusch kann die Konzentration auf andere Aufgaben erschweren.

5.8.3 Hyperakusis

Hyperakusis ist eine Störung, bei der Geräusche, die für die meisten Menschen als normal laut empfunden werden, als schmerzhaft oder unerträglich laut wahrgenommen werden. Es ist, als hätte man einen Lautstärkeregler, der ständig aufgedreht ist.

Was verursacht Hyperakusis?

Die genauen Ursachen sind noch nicht vollständig geklärt, aber es gibt als mögliche Erklärungen verschiedene Theorien darüber:

- **Überempfindlichkeit des Nervensystems:** Das Nervensystem reagiert übermäßig empfindlich auf Schallreize.

- **Störung der Schallverarbeitung im Gehirn:** Die Verarbeitung von Schall im Gehirn ist beeinträchtigt.

- **Zusammenhang mit anderen Erkrankungen:** Hyperakusis kann im Zusammenhang mit anderen Erkrankungen wie Tinnitus, Migräne oder Angststörungen auftreten.

Auswirkungen im Alltag

- **Soziale Isolation:** Betroffene meiden oft soziale Situationen, um sich der Lärmbelastung zu entziehen, der sie sich oftmals ausgesetzt und teils hilflos ausgeliefert fühlen.

- **Stress und Angst:** Die ständige Lärmbelastung kann zu Stress, Angstzuständen und Depressionen führen.

- **Schlafstörungen:** Lärm macht das Einschlafen und Durchschlafen in der Nacht oftmals sehr schwer.

- **Konzentrationsschwierigkeiten:** Hintergrundgeräusche können die Konzentration stark beeinträchtigen.

- **Physische Reaktionen:** Hyperakusis kann zu körperlichen Reaktionen wie Herzrasen, Schwitzen oder zu unangenehmen bis schmerzhaften Muskelverspannungen führen.

Für viele Autistinnen ist Hyperakusis ein Teil ihres Lebens. Die erhöhte Sensibilität für sensorische Reize, die bei Autismus häufig auftritt, kann dazu führen, dass Geräusche als besonders intensiv wahrgenommen werden. Es ist wichtig, dass Autistinnen mit Hyperakusis die Unterstützung erhalten, die sie benötigen, um ein erfülltes Leben zu führen.

Fragen an dich

- Wie beeinflusst die Geräuschüberempfindlichkeit deinen Alltag, bspw. bei der sozialen Interaktion? Welche Geräusche empfindest du als besonders störend und warum?

- Welche Rolle spielt die Geräuschüberempfindlichkeit bei deiner Konzentration und deinem Lernen? In welchen Umgebungen kannst du am besten lernen und arbeiten?

- Welche positiven Aspekte siehst du in deiner besonderen Wahrnehmung von bestimmten Geräuschen im Alltag?

5.9 Temperatur

>"Manchmal fühle ich mich, als wäre ich ein Thermometer, das ständig kalibriert werden muss."

Unsere Temperaturwahrnehmung ist die Fähigkeit, Wärme und Kälte wahrzunehmen und darauf zu reagieren. Für viele Autistinnen ist diese Wahrnehmung intensiver oder anders ausgeprägt als bei den meisten anderen Menschen.

Unsere Haut ist wie ein empfindlicher Sensor, der ständig Informationen über die Umgebungstemperatur an unser Gehirn sendet. Bei Autistinnen kann dieses System jedoch anders funktionieren. Wir können Hitze oder Kälte als besonders unangenehm empfinden oder haben Schwierigkeiten damit, subtile Unterschiede von Temperatur überhaupt wahrzunehmen.

Beispiele

- Ich ziehe oft mehrere Schichten Kleidung übereinander, wie eine Zwiebel. Das mache ich auch im Sommer, da ich sehr schnell friere und dann auch Krämpfe in der Muskulatur bekomme.

- Ein Raum mit einer Temperatur von 21°C kann für mich unerträglich warm sein, während andere sich wohlfühlen.

- Ich vermeide es, eiskalte Getränke zu trinken, da diese für mich schmerzhaft sein können und bevorzuge sogar eher Warmes.

Fragen an dich

- Wie beeinflusst deine Temperaturwahrnehmung deinen Alltag?

- Gibt es bestimmte Situationen oder Orte, die du aufgrund der Temperatur vermeidest oder sogar besonders bevorzugst?

- Welche Alltagssituationen sind typisch für dich, die mit deiner intensiven Temperaturwahrnehmung einhergehen?

5.10 Körperwahrnehmung (Propriozeption)

> „Manchmal habe ich das Gefühl, mein Körper gehört nicht ganz mir. Es ist, als wäre er ein bisschen aus der Reihe getanzt und würde seine eigenen Regeln haben."

Unser Körpergefühl hilft uns dabei, unseren Körper im Raum zu orientieren und Bewegungen zu koordinieren. Für uns als Autistinnen kann dieses Körpergefühl manchmal etwas verwirrend sein.

Stell dir vor, du möchtest einen Knopf zuknöpfen. Für andere ist das vielleicht eine ganz einfache Aufgabe, für dich kann es aber eine echte Herausforderung sein. Oder vielleicht hast du Schwierigkeiten, die richtige Menge an Kraft beim Schreiben einzusetzen.

5.10.1 Dyspraxie

Dyspraxie wird oft auch als Entwicklungsstörung der Bewegungskoordination bezeichnet. Sie ist eng mit der Körperwahrnehmung, der sog. proiozeptiven Wahrnehmung, verknüpft. Menschen mit Dyspraxie haben Schwierigkeiten damit, Bewegungen zu planen und auszuführen. Dies kann sich bspw. in folgender Symptomatik äußern:

- **Ungeschicklichkeit:** Stolpern, Fallen, Schwierigkeiten beim Ballspielen oder beim Schreiben mit der Hand.

- **Planungsschwierigkeiten:** Schwierigkeiten bei der Ausführung von mehrschrittigen oder kleinteiligen Aufgaben

- **Räumliche Orientierung:** Probleme beim Einschätzen von Abständen und Bewegungen in Räumen oder im Straßenverkehr.

Die Körperwahrnehmung spielt hierbei eine entscheidende Rolle, denn um Bewegungen flüssig und koordiniert auszuführen, ist ein gutes Körpergefühl und eine genaue Wahrnehmung der eigenen Körperteile und -bereiche unerlässlich.

5.10.2 Sensorische Integrationsstörung

Die sensorische Integrationsstörung beschreibt eine neurologische Funktionsstörung, bei der das Gehirn die Informationen aus den Sinnen nicht optimal verarbeitet. Dies kann sich auf verschiedene Sinne auswirken, darunter auch die propriozeptive Wahrnehmung.

Autistinnen mit einer sensorischen Integrationsstörung haben oft Schwierigkeiten:

- **Ihre Körpergrenzen wahrzunehmen:** Sie können sich beispielsweise zu fest oder zu locker anziehen oder Schwierigkeiten haben, die richtige Kraft beim Schreiben einzusetzen.

- **Bewegungen zu koordinieren:** Sie können ungeschickt wirken oder Schwierigkeiten dabei haben, komplexe Bewegungsabläufe zielgerichtet und ‚harmonisch' auszuführen.

- **Ihre Körperhaltung zu kontrollieren:** Sie nehmen oftmals eine ungünstige Körperhaltung ein, haben Schwierigkeiten dabei, ruhig und aufrecht zu sitzen, was physisch anstrengt.

Die propriozeptive Wahrnehmung ist ein wichtiger Bestandteil der sensorischen Integration. Eine gestörte Körperwahrnehmung kann zu Schwierigkeiten in vielen Bereichen des Lebens führen, wie zum Beispiel in der Schule, im Beruf und in sozialen Situationen.

5.10.3 Körperbild

Das Körperbild ist die Vorstellung, die wir von unserem Körper haben. Es wird beeinflusst von unseren Sinneswahrnehmungen, unseren Erfahrungen und unseren sozialen Interaktionen.

Eine gestörte propriozeptive Wahrnehmung kann das Körperbild negativ beeinflussen:

- **Unsicherheit:** Menschen mit einer gestörten propriozeptiven Wahrnehmung können sich unsicher in ihrem Körper fühlen und Schwierigkeiten haben, ihre Bewegungen gezielt zu kontrollieren oder zu koordinieren

- **Verminderte Körperwahrnehmung:** Sie können Schwierigkeiten haben, die Grenzen ihres Körpers wahrzunehmen oder Veränderungen ihrer Körperhaltung zu bemerken.

- **Geringes Selbstwertgefühl:** Eine gestörte propriozeptive Wahrnehmung kann zu einem verminderten Selbstwertgefühl führen, da Betroffene sich oft als ungeschickt oder unbeholfen empfinden.

Eine positive Körperwahrnehmung ist wichtig für das Wohlbefinden und das Selbstvertrauen. Durch gezielte Übungen zur Verbesserung der propriozeptiven Wahrnehmung kann gut Einfluss genommen und das Körperbild positiv beeinflusst werden.

5.10.4 Gleichgewicht

> „Manchmal fühle ich mich wie ein Schiff auf dem unruhigen Meer. Mein Körper schwankt und taumelt, und ich habe das Gefühl, jeden Moment die Kontrolle zu verlieren."

Unser Gleichgewichtssinn hilft uns, uns im Raum zu orientieren und unsere Bewegungen zu koordinieren. Für uns Autistinnen kann dieser Sinn jedoch manchmal ganz schön verwirrend sein.

Stell dir vor, du stehst auf einer Schaukel. Während andere Kinder das Schaukeln genießen, fühlst du dich vielleicht unwohl und unsicher. Oder vielleicht liebst du es, dich zu drehen und zu wirbeln. Jeder Mensch erlebt Bewegung anders.

Zusammenfassung

Die propriozeptive Wahrnehmung, Dyspraxie und die sensorische Integrationsstörung sind eng miteinander verbunden. Eine gestörte propriozeptive Wahrnehmung kann zu Schwierigkeiten in vielen Bereichen des Lebens führen. Durch gezielte Übungen und Therapien können diese Schwierigkeiten jedoch oft verbessert werden.

Fragen an dich

- Gibt es bestimmte Bewegungen, die dir besonders schwerfallen oder die du besonders gerne magst?

- Wie beeinflusst deine Körperwahrnehmung deinen Alltag?

- In welchen Situationen fühlst du dich besonders unsicher oder hast vielleicht sogar das Gefühl von Schwindel?

6. Emotionale Wahrnehmung

„Oft fühle ich mich wie ein Schiff auf stürmischer See, das von meinen eigenen Emotionen hin und her geworfen wird."

Gefühle sind ein natürlicher Teil des Menschseins. Sie helfen uns, die Welt um uns herum wahrzunehmen und zu verstehen. Für autistische Frauen kann es jedoch manchmal schwierig sein, unsere eigenen Gefühle zu erkennen und auszudrücken oder die Gefühle anderer zu verstehen.

Stell dir vor, du siehst einen Film und alle anderen lachen. Du verstehst zwar, dass der Film lustig sein soll, aber du fühlst nichts. Oder vielleicht hast du ein starkes Gefühl in dir, aber du weißt nicht genau, was es ist und wie du es ausdrücken sollst. Das kann sehr verwirrend sein.

Das Stereotyp der gefühllosen Autistin

Es ist ein weit verbreitetes Missverständnis, dass Autistinnen keine Gefühle haben, diese nicht zeigen können oder gar empathielos seien. Dieses Stereotyp ist nicht nur falsch, sondern auch sehr verletzend. Die Realität ist, wie so oft, wesentlich komplexer und vielschichtig.

Intensive Gefühlswelten

Viele Frauen im Autismusspektrum erleben ihre Gefühle sehr intensiv. Es ist, als würden sie alles viel stärker wahrnehmen – auch ihre eigenen Emotionen. Das kann überwältigend sein und dazu führen, dass sie Schwierigkeiten haben, ihre Gefühle genau wahrzunehmen, diese zu verstehen oder überhaupt auszudrücken. Das Phänomen dahinter nennt sich Alexithymie und wird oft fälschlich mit „Gefühlsblindheit" übersetzt. Die Realität ist weitaus komplexer.

- **Vielschichtigkeit:** Die Gefühlswelt einer Autistin kann äußerst vielschichtig sein. Es gibt oft eine große Bandbreite an Emotionen, die gleichzeitig präsent sein und sich außerdem schnell ändern können, was überfordernd ist.

- **Intensität:** Gefühle können so intensiv sein, dass sie auch körperlich spürbar sind. Das kann zu Überforderung führen und dazu, dass wir uns plötzlich zurückziehen.

- **Komplexität:** Es kann schwierig sein, die eigenen Gefühle in Worte zu fassen. Das Gefühlschaos kann so groß sein, dass man sich überfordert fühlt und einfach verstummt.

Verstummen in extremen Situationen

In besonders intensiven oder stressigen Situationen kann es passieren, dass Autistinnen verstummen. Das hat nichts mit Gleichgültigkeit zu tun, sondern ist oft eine Überlebensreaktion aufgrund von Hilflosigkeit und vergleichbar mit einem Freeze-Modus.

- **Überlastung:** Wenn die Gefühlswelt zu überwältigend wird, kann es passieren, dass man einfach abschaltet, um sich zu schützen.

- **Suche nach Worten:** Manchmal findet man einfach nicht die richtigen Worte, um auszudrücken, was man fühlt. Das kann zu Frustration und zum Rückzug führen.

- **Angst vor Missverständnissen:** Die Angst, nicht verstanden zu werden oder als übertrieben empfunden zu werden, kann dazu führen, dass man sich zurückhält und sich nicht äußert.

Warum ist es wichtig, dieses Stereotyp zu überwinden?

- **Respekt:** Indem wir die Komplexität der Gefühlswelt von Autistinnen anerkennen, zeigen wir ihnen Respekt und Verständnis.

- **Unterstützung:** Wenn wir wissen, dass Autistinnen intensiv fühlen, können wir ihnen besser helfen, ihre Gefühle zu verstehen und dabei unterstützen, diese zu verarbeiten.

- **Entstigmatisierung:** Indem wir dieses Stereotyp aufbrechen, tragen wir dazu bei, die Stigmatisierung von Frauen im Autismusspektrum zu reduzieren.

Beispiele

Meine Wahrnehmung und Verarbeitung von Gefühlen ist grundlegend anders. Das zu erklären ist komplex, aber ich möchte es versuchen. Dabei greife ich etwas vorweg, indem ich von meiner Synästhesie spreche.

In sozialen Situationen, besonders bei Dates, gerate ich oft in einen emotionalen Ausnahmezustand. Ich spüre nicht nur meine eigene Unsicherheit, sondern nehme auch die meines Gegenübers so intensiv wahr, dass es sich anfühlt, als wäre ich in dessen Gefühlswelt getaucht. Man könnte das als eine Form von Hyperempathie bezeichnen. Bei besonders gestressten Menschen kann das dazu führen, dass ich überfordert bin und mich zurückziehe. Das wird oft fälschlicherweise als Traumareaktion interpretiert.

In größeren Gruppen kann das visuelle Rauschen überwältigend sein. Durch meine Synästhesie sehe ich um Menschen herum eine Art farbige Aura, die ihre Stimmung widerspiegelt. Während das im Alltag unproblematisch ist, kann es in lauten Umgebungen mit vielen Emotionen sehr anstrengend sein. Die Farben sind subjektiv, aber oft sehe ich bei emotional distanzierten Menschen eher kühle Töne wie Blau. Einmal konnte ich bei einem Arzt während einer Diagnose überhaupt keine Farbe wahrnehmen, was die Kommunikation sehr erschwerte. Ich fühlte mich missverstanden und überfordert.

Während nicht-autistische Menschen kognitive Empathie erst herleiten müssen, ist bei autistischen Frauen mit Synästhesie diese Fähigkeit oft angeboren und sehr intensiv. Allerdings ist sie nicht allumfassend. In manchen Situationen, wie bei lang andauernden Meetings, kann die intensive Wahrnehmung sogar belastend sein.

Wer also nun 'neurodifficult' ist? Ich würde sagen, unsere Gesellschaft, die oft Schwierigkeiten hat, neurologische Vielfalt zu verstehen und zu akzeptieren.

Fragen an dich

- In welchen Situationen fällt es dir am schwersten, deine Gefühle auszudrücken? Wann werden sie nicht ernst genommen?

- Wie reagierst du auf die Gefühle anderer Menschen? Fühlst du dich oft überfordert oder mitgerissen? Gibt es Situationen, in denen du das Bedürfnis hast, dich plötzlich zurückziehen zu müssen und alleine zu sein?

- Gibt es bestimmte Wörter oder Phrasen, die dir dabei helfen, deine Gefühle zu beschreiben oder überhaupt auszudrücken? Welche Kommunikationsformen bevorzugst du dabei, wie bspw. das Schreiben von Texten, das Zeichnen von Bildern oder das Hören von Musik?

Wenn ich überreizt bin,
fühlt es sich an, als würde ich in
einem Sturm aus Geräuschen und
Lichtern gefangen sein. Jedes Geräusch
wird lauter, jede Bewegung intensiver,
und mein Kopf dreht sich, während
ich versuche, einen klaren Gedanken
zu fassen.

Dieser Zustand ist für mich
wie ein Flutlicht, das unerwartet
eingeschaltet wird. Plötzlich gibt es
keine Schatten mehr, alles wird zu
grell, zu laut, und ich fühle mich,
als könnte ich nicht
mehr atmen.

TEIL III – ALLTAG UND BEWÄLTIGUNG

7. Überreizung und Stress

> „Manchmal fühle ich mich, als wäre ich in einem überfüllten Raum, in dem alle gleichzeitig sprechen. Meine Sinne sind überfordert, und ich brauche dringend einen Ort, an dem ich zur Ruhe kommen kann."

Unsere Sinne nehmen ständig Informationen aus der Umwelt auf. Für Autistinnen ist diese Wahrnehmung oft intensiver und anders strukturiert. Überreizung bedeutet, dass unsere Sinne von zu vielen Eindrücken überflutet werden. Das kann zu einem Gefühl von Überforderung, Angst oder sogar Panik führen. Für mich ist Überreizung etwas, das ich besonders gut kenne.

Beispiele

- **Sensorische Überlastung:** Wenn ich in einer vollen Einkaufsstraße bin, fühle ich mich oft überfordert von den vielen Geräuschen, den Lichtern und den Menschenmassen. Ich bekomme Kopfschmerzen und möchte am liebsten weglaufen.

- **Stress:** Vor wichtigen Prüfungen war ich oft so nervös, dass jedes kleine Geräusch mich aus der Konzentration brachte. Ich fühlte mich unruhig und konnte mich kaum konzentrieren.

- **Körperliche Symptome:** Wenn ich überreizt bin, bekomme ich oft Bauchschmerzen und fühle mich unwohl. Ich reagiere dann sehr empfindlich auf Berührungen.

Fragen an dich

- Welche Situationen führen bei dir besonders häufig zu Überreizung?

- Welche körperlichen und emotionalen Anzeichen nimmst du bei dir wahr, wenn du eine Überreizung bei dir feststellst?

- Welche Strategien helfen dir, dich zu entspannen, um dich zu regulieren und anschließend wieder zur Ruhe zu kommen?

- Was tust du, um solche Situationen zu vermeiden, die dich überfordern? Wie kannst du dein Umfeld besser auf deine Bedürfnisse einstellen oder gezielt danach ausrichten?

7.1 Overload

„Während eines Overloads rebelliert mein Körper gegen mich. Er schreit förmlich nach Ruhe, während mein Geist wild umherirrt. Es ist, als würde ich in einem Schnellkochtopf gefangen sein, der jeden Moment überkochen könnte. Parallel dazu gleite ich auf einer rutschigen Eisbahn aus Emotionen. Jeder Schritt ist unsicher, und ich kann jederzeit stürzen. Es ist schwer, in so einem Zustand den Überblick zu behalten und mich nicht selbst zu verlieren."

Stell dir vor, dein Gehirn ist wie ein Computer, der mit einer Flut von Informationen überladen wird. Wenn dieser Computer überhitzt, kann er nicht mehr richtig funktionieren. Ähnlich verhält es sich bei einem Overload. Es ist ein Zustand, in dem wir von Sinnesreizen überflutet werden und unser Gehirn diese Flut nicht mehr verarbeiten kann.

Symptome

Ein Overload kann sich auf vielfältige Weise äußern, insbesondere wenn die Rahmenbedingungen die individuelle Belastungsgrenze überschreiten. Jeder Mensch kann Symptome eines Overloads erleben, jedoch tritt er bei autistischen Frauen oft schneller auf.

Körperliche Symptome

Overloads bringen neben emotionalen auch körperliche Symptome mit sich, die stark variieren können:

- **Spannung:** Muskeln, besonders im Gesicht und Nacken, verspannen sich oft spürbar.

- **Unruhe:** Herzrasen und ein inneres Unruhegefühl führen häufig zu vermehrter Bewegung.

- **Schwitzen:** Körperlicher Stress kann zu vermehrter Transpiration führen.

- **Hörprobleme:** Geräusche können unangenehm scharf wahrgenommen werden, als ob die Ohren in Watte gehüllt und dabei überempfindlich wären.

- **Gleichgewichtsprobleme:** Schwindel kann das Gleichgewicht beeinträchtigen.

- **Kognitive Schwierigkeiten:** Konzentrationsprobleme, Denkblockaden und Vergesslichkeit treten auf.

- **Übelkeit und Schwächeanfälle:** Diese können durch die körperliche Anspannung und Überlastung hervorgerufen werden.

Nach außen sichtbare Symptome

Von außen ist ein Overload oft an verschiedenen Verhaltensweisen erkennbar:

- **Rückzug:** Betroffene ziehen sich häufig aus sozialen Situationen zurück, um Ruhe zu finden.

- **Reizbarkeit:** Kleine Störungen oder Veränderungen können zu übersteigerten Reaktionen führen.

- **Unruhe:** Unruhiges Verhalten wie das Hin- und Herrutschen auf dem Stuhl oder ständiges Gestikulieren tritt auf.

- **Veränderung der Stimme:** Lautstärke, Sprechtempo oder Tonhöhe können schwanken.

- **Abdriften in Gesprächen:** Betroffene wirken manchmal unaufmerksam, als wären sie kurzzeitig abwesend.

Inneres Erleben

„Einen Overload empfinde ich wie plötzlich einsetzendes Unwetter. Meine Sinne sind überfordert, und mein Kopf versucht verzweifelt, alle Informationen zu verarbeiten. Das kann bei mir zu einem überwältigenden Gefühl der Überforderung führen."

Viele Autistinnen beschreiben das Gefühl der Isolation während eines Overloads. Es scheint schwer, das eigene Erleben in Worte zu fassen, was das Gefühl der Einsamkeit noch verstärken kann.

- **Emotionale Achterbahnfahrt:** Emotionen können stark schwanken. Angst, Frustration, Wut oder Traurigkeit wechseln sich ab. Selbst kleine Auslöser können extreme Reaktionen hervorrufen.

- **Gefühl der Überforderung:** Alltägliche Anforderungen erscheinen plötzlich überwältigend.

- **Verlust der Kontrolle:** Es fühlt sich an, als würde man von einer Welle überrollt und könnte die Situation nicht mehr bewältigen.

- **Weitere emotionale Reaktionen:** Reizbarkeit, Angst, Frustration, Traurigkeit, Wut und Ohnmachtsgefühle können auftreten.

- **Sensorische Überflutung:** Geräusche, Licht oder Berührungen wirken intensiv und unangenehm, sodass man sich nach Abgeschiedenheit sehnt.

- **Verdauungsprobleme:** Die Anspannung kann sich auf den Verdauungstrakt auswirken und Übelkeit oder Verdauungsbeschwerden verursachen.

- **Angstzustände und Schlafstörungen:** Einschlafprobleme, unruhiger Schlaf oder das Gefühl, nicht ausreichend erholt zu sein, sind häufige Begleiterscheinungen.

- **Konzentrationsschwierigkeiten und Reizbarkeit:** Das Aufnehmen und Verarbeiten von Informationen fällt schwerer, und die Reizbarkeit gegenüber äußeren Einflüssen steigt.

Ursachen

Die Ursachen für einen Overload sind individuell unterschiedlich, da das Nervensystem bei Überlastung unterschiedlich reagiert. Zu häufigen Auslösern zählen:

- **Sensorische Überlastung:** Zu viele Geräusche, visuelle Reize oder Berührungen können einen Overload auslösen.

- **Soziale Situationen:** Große Gruppen, laute Umgebungen oder komplexe soziale Interaktionen wirken oft überfordernd.

- **Stress:** Emotionale Belastungen und hohe Anforderungen führen häufig zu einem Overload.

- **Kognitive Überlastung:** Zu viele Informationen oder unerwartete, komplexe Aufgaben können die Gehirnleistung überfordern.

Unterschied zu anderen Zuständen

Ein Overload wird oft mit Angstzuständen verwechselt. Während Panikattacken plötzliche und intensive Angstgefühle auslösen, entwickelt sich ein Overload meist allmählich und ist häufig mit sensorischer Überforderung verbunden.

Faktoren für individuelle Unterschiede

Overloads sind sehr persönlich und können von Mensch zu Mensch stark variieren. Individuelle Unterschiede entstehen durch:

- **Sensorische Sensibilitäten:** Menschen können unterschiedlich empfindlich auf laute Geräusche, helles Licht oder bestimmte Texturen reagieren.

- **Kognitive Fähigkeiten:** Menschen mit ausgeprägten kognitiven Fähigkeiten können möglicherweise anspruchsvollere Situationen bewältigen, bevor ein Overload eintritt.

- **Emotionale Belastbarkeit:** Eine höhere emotionale Belastbarkeit kann die Bewältigung von Stress und Überforderung erleichtern.

- **Umweltfaktoren:** Die Umgebung kann das Risiko für Overloads beeinflussen, beispielsweise bei dauerhaft lauten Umgebungen.

- **Lebensphase:** Kinder und Jugendliche sind tendenziell empfindlicher für sensorische Reize, während Erwachsene oft stärker auf kognitive Überforderungen reagieren.

Zusammenfassung

Ein Overload ist ein Zustand der Überlastung, bei dem das Gehirn von zu vielen Sinnesreizen überflutet wird und nicht mehr richtig funktionieren kann – als würde man versuchen, unter Wasser zu atmen. Zusammengefasst handelt es sich um ein komplexes Erlebnis mit sowohl körperlichen als auch emotionalen Auswirkungen.

7.2 Meltdown

> „Die Welt wird zu einem einzigen, überwältigenden Sinnesreiz. Es ist, als würde ein Orkan in meinem Kopf wüten und alles mit sich reißen. Farben, Geräusche, Gedanken – alles wird zu einem einzigen, ohrenbetäubenden Lärm. Meine Gefühle und körperliche Schmerzen überschwemmen mich dann wie eine Flutwelle. Ich bin wie ein überlaufender Becher, der einfach nicht mehr kann. Jeder Tropfen, jede zusätzliche Information ist ein Tropfen zu viel."

Ein Meltdown ist eine extreme, oft sichtbare Reaktion auf eine Überlastungssituation. Während ein Overload wie ein innerer Sturm erlebt werden kann, ist ein Meltdown vergleichbar mit einem Vulkanausbruch, der alles mit Lava überflutet: Die aufgestaute Anspannung entlädt sich plötzlich und heftig. Es ist ein absoluter Kontrollverlust; schmerzhaft und unglaublich beängstigend.

Bei einem Meltdown werden alle Bewältigungsmechanismen überfordert, wodurch die Kontrolle über Emotionen und Verhalten vorübergehend verloren geht. Autistinnen sind besonders anfällig für Meltdowns, da sie oft eine erhöhte Reizempfindlichkeit und Schwierigkeiten bei der Emotionsregulation und sozialen Interaktion haben.

Typische Symptome eines Meltdowns

- **Körperliche Reaktionen:** Erröten, Schwitzen, Zittern, schnelle Atmung, Muskelanspannung

- **Emotionale Reaktionen:** Intensive Wut, Angst, Verzweiflung, Hilflosigkeit

- **Verhaltensweisen:** Schreien, Weinen, destruktives Verhalten, sich selbst verletzen, Flucht

Ursachen für Meltdowns

Ein Meltdown entsteht oft aus einem nicht abgefederten Overload, wenn Überlastung länger anhält oder Rückzugsmöglichkeiten fehlen. Es kommt dann zur Eskalation der Überforderung.

Ein Vergleich zwischen Overload und Meltdowns

Ein Overload ist meist ein innerer Zustand, der als Überforderung empfunden wird, während ein Meltdown eine deutliche, äußere Reaktion ist, die als Höhepunkt dieser Überlastung auftritt. Der Overload kann als Masse unter der Wasseroberfläche beschrieben werden, während der Meltdown die Spitze des Eisbergs bildet. Ursachen

- **Schwierigkeiten in der Selbstregulation:** Emotionen und Reaktionen auf Stress können oft nicht ausreichend gesteuert werden.

- **Sensorische Überempfindlichkeit:** Eine erhöhte Reizempfindlichkeit führt schneller zu Überlastung.

- **Kommunikationsprobleme:** Wenn es schwerfällt, Bedürfnisse auszudrücken, wächst die Frustration und mündet letztlich in einem Meltdown.

- **Fehlende Unterstützung:** Ohne unterstützendes Umfeld kann die Belastung zu groß werden, was das Risiko eines Meltdowns erhöht.

Äußere und internalisierte Meltdowns

Meltdowns können sich unterschiedlich äußern – sie lassen sich grob in äußere und internalisierte (innere) Meltdowns einteilen:

- **Äußere Meltdowns:** Diese zeigen sich durch sichtbare Reaktionen wie Schreien, Weinen, Wutausbrüche oder körperliche Anspannung.

- **Internalisierte Meltdowns:** Hier kehren sich die Emotionen nach innen, was oft zu Rückzug, Einsamkeit oder körperlichen Beschwerden wie Kopfschmerzen oder Magenproblemen führt.

Unterschied zwischen Meltdowns und Panikattacken

Obwohl Meltdowns und Panikattacken ähnlich wirken können, gibt es wesentliche Unterschiede:

Ursachen: Meltdowns entstehen meist durch länger anhaltende Überforderung, während Panikattacken plötzlich und oft mit klarem Auslöser auftreten.

Dauer und Verlauf: Meltdowns können länger anhalten und sich allmählich aufbauen, Panikattacken sind oft von kurzer Dauer und erreichen schnell ihren Höhepunkt.

Symptome: Panikattacken gehen mit intensiver Angst, Herzrasen und Atemnot einher, während Meltdowns oft körperliche Symptome wie Muskelanspannung oder Erschöpfung umfassen.

Besondere Herausforderungen bei Erwachsenen

- **Scham und Stigmatisierung:** Viele Erwachsene empfinden Scham für ihre Meltdowns und unterdrücken ihre Gefühle, um gesellschaftlichen Erwartungen zu entsprechen.

- **Fehlende Unterstützung:** Häufig fehlt das Verständnis für die besonderen Herausforderungen neurodivergenter Menschen.

Zusammenfassung

Meltdowns sind intensive Reaktionen auf Überlastung, die bei jedem auftreten können – besonders bei neurodivergenten Menschen. Mit Verständnis, Geduld und den richtigen Bewältigungsstrategien lassen sich Meltdowns besser verstehen und bewältigen.

7.3 Shutdown

„In diesen Momenten fühle ich mich wie in einem Nebel gefangen, in dem die Farben verblassen und die Welt um mich herum verstummt. Es ist, als würde ich in meinem eigenen Körper gefangen sein, unfähig noch auf irgendetwas zu reagieren."

Shutdowns treten oft unerwartet auf und fühlen sich an, als würde ein Schalter umgelegt. Plötzlich sinkt man in ein tiefes, unerreichbares Loch. Ein Shutdown ist wie ein Zusammenbruch, bei dem Körper und Geist schwerfällig und träge werden, als würde eine unsichtbare Kraft einen nach unten ziehen.

Kontrolle über diesen Zustand hat man nicht, und das Gefühl des Ausgeliefertseins kann Angst auslösen. Man möchte reagieren, doch es gelingt einfach nicht. Ein Shutdown ist eine Reaktion auf Überforderung, bei der sich eine Person teilweise oder vollständig von ihrer Umgebung zurückzieht. Es handelt sich um einen Schutzmechanismus des Körpers, der eine Überlastung abwehrt.

Es fühlt sich für mich so an, als sei ich in einen tiefen Schlaf gefallen, aus dem ich nicht erwachen kann. Meine Gedanken driften ziellos umher, und alles ist wie ein schwer fassbarer Traum, aus dem es kein Erwachen gibt. Es ist, als lege sich ein dichter Nebel über alles, in dem Farben verblassen und Geräusche gedämpft werden.

Ich bin körperlich da und zugleich abwesend, gefangen in einem Zustand, der es mir nicht erlaubt, zu reagieren. Dieser komplette

Verlust an Kontrolle über meinen Körper kann für mich beängstigender sein als die emotionalen Ausbrüche eines Meltdowns.

Symptome

Die Symptome eines Shutdowns sind vielfältig und von Person zu Person unterschiedlich. Häufige Anzeichen sind:

- **Physische Symptome:** Müdigkeit, Erschöpfung, körperliche Schmerzen.

- **Emotionale Symptome:** Gefühle der Leere, Apathie, Rückzug.

- **Kognitive Symptome:** Gedankliche Langsamkeit, Konzentrationsprobleme, verlangsamte mentale Prozesse.

Nach außen sichtbare Symptome

Von außen zeigt sich ein Shutdown durch bestimmte Verhaltensweisen:

- **Rückzug:** Die Person zieht sich zurück und isoliert sich.

- **Passivität:** Sie reagiert kaum auf äußere Reize und zeigt wenig Initiative.

- **Starres Verhalten:** Verharren in einer Position ohne Bewegung.

- **Verminderte Kommunikation:** Die Person spricht weniger oder gar nicht.

Inneres Erleben

Innerlich kann ein Shutdown wie ein Nebel wirken, der alles überzieht. Gedanken werden langsam, das Fokussieren fällt schwer, und es entsteht das Gefühl, „nicht ganz da" zu sein oder sich vom eigenen Körper abzukoppeln.

Ursachen

Die Ursachen für einen Shutdown sind vielfältig, häufige Auslöser sind:

- **Sensorische Überlastung:** Übermäßige Reize, die das Nervensystem überfordern.

- **Emotionale Überlastung:** Starke Gefühle wie Angst oder Traurigkeit.

- **Kognitive Überlastung:** Zu viele Informationen oder komplexe Aufgaben.

- **Chronischer Stress:** Dauerhafte Belastung erschöpft das Nervensystem.

Abgrenzung zu Overloads und Meltdowns

Während Overloads und Meltdowns aktive Reaktionen auf Überforderung sind, ist ein Shutdown passiv. Bei Overloads reagiert man gereizt oder unruhig, während ein Meltdown sich als intensiver emotionaler Ausbruch zeigt. Ein Shutdown dagegen führt zu Rückzug und Passivität.

Beeinflussbarkeit

Shutdowns treten oft unwillkürlich auf und sind schwer zu kontrollieren. Es gleicht einem Systemausfall, der plötzlich einsetzt, um den Körper zu schützen. Zwar erkennen manche Menschen Warnzeichen, doch für viele ist es kaum möglich, einen Shutdown aktiv zu verhindern. Die Dauer eines Shutdowns variiert individuell und hängt von der Überlastung, den Bewältigungsstrategien und der Unterstützung durch das Umfeld ab.

Beispiele für das Erleben eines Shutdowns

- **Gefühl von Sicherheit in der Überlastung:** Shutdowns können als „Flucht" vor Überreizung empfunden werden und ein

Gefühl von Sicherheit und Ruhe geben, indem der Körper eine Überlastung abwehrt.

- **Gefangensein im eigenen Körper:** Andere erleben einen Shutdown wie eine körperliche Lähmung, die mit Gefühlen von Hilflosigkeit und Panik einhergehen kann.

- **Emotionale Leere:** Viele empfinden eine emotionale „Stille", die sowohl beruhigend als auch beängstigend sein kann.

- **Körperliche Erschöpfung:** Shutdowns gehen oft mit starker Müdigkeit einher, die alle Energiereserven aufzubrauchen scheint.

- **Verlust der Zeitwahrnehmung:** Die Zeitwahrnehmung kann sich während eines Shutdowns verzerren – Minuten fühlen sich wie Stunden an oder umgekehrt.

- **Gefühl der Entfremdung:** Viele beschreiben Shutdowns als eine Art Trennung von sich selbst und der Umwelt, ähnlich wie in einem Traum oder Film.

7.4 Rafaelas Erleben

Für mich ist ein Meltdown, als würde eine Saugglocke alle Empfindungen, Gefühle, mein gesamtes Erleben aus mir herausziehen, nur um alles im nächsten Moment wieder in mich hineinzupressen. Diese Wellen überrollen mich, ohne dass ich Einfluss darauf habe. Wenn alles aus mir herausgezogen ist, steht meine Welt kurz still, doch schon die nächste Welle bringt alles zurück.

Die Krämpfe, die diesen Zustand begleiten, beeinträchtigen sogar meine Atmung, und die Schmerzen sind unbeschreiblich – wie wenn mein ganzer Körper gebrochen wird, selbst die inneren Organe. Es ist so intensiv, dass ich oft Todesangst habe und das Gefühl habe, mein Leben könnte im nächsten Moment enden. Nach solchen Momenten wieder zu mir selbst zu finden, kostet mich eine ungeheure Kraft.

Während eines Meltdowns wird eine enorme Energie freigesetzt, und viele autistische Frauen können Berührungen dann nicht ertragen, da sie die körperlichen Impulse verstärken. Ich jedoch sehne mich in solchen Momenten nach festem Halt. Doch als erwachsene Frau kann ich niemanden um diese Co-Regulation bitten – und verzichte auch aus Sorge, jemanden versehentlich zu verletzen. Techniken zur Bewältigung von Panikattacken haben mir nicht geholfen; sie verzögern den Anfall nur und verstärken ihn letztlich. Daher reagiere ich oft mit Flucht, sobald ich merke, dass ein Meltdown aufkommt.

Bis vor Kurzem waren meine Lebensumstände und mein Umfeld so, dass diese Anfälle ständig getriggert wurden. Es gab nur eine Partnerschaft, in der empathisch mit meinen sensorischen Bedürfnissen umgegangen wurde – das ist fast zehn Jahre her.

Seitdem haben vor allem Männer in meinem Leben maßgeblich zu solchen Überlastungsreaktionen beigetragen: zu starkes Parfüm, lautes Telefonieren und Schauen von Reels auf Lautsprecher, Straßenbahn statt akustisch schützendes Taxi zum Stadion, fehlende Coolpacks im Kühlschrank des Kleingartens, Abende in der Kneipe oder im Bandraum unter Leuten anstelle von Spaziergängen, spontane, sich stetig wechselnde Tagespläne oder Situationen, in denen ich auf grundlegende Bedürfnisse wie Safe Foods verzichten musste.

Diese Belastungen summieren sich, und obwohl ich mich bemühte, den Bedürfnissen meiner Partner entgegenzukommen, war dies selten wechselseitig. Oft wurde mein Einfordern von Rücksichtnahme als „Nörgeln" ausgelegt oder als Versuch, jemanden ändern zu wollen. Ich wurde deshalb mehr als einmal plötzlich verlassen; einmal sogar per WhatsApp kurz vor Weihnachten.

Das schmerzt, weil auch ich einfach nur sein möchte. Die bewusste Entscheidung, seit diesen demütigenden Erfahrungen Single zu sein, schützt mich letztlich vor weiterer seelischer und auch körperlicher Verletzung, gegen die ich mich rechtlich nicht einmal wehren könnte.

Autistinnen wie ich sind weder überempfindlich noch besonders anspruchsvoll – wir haben die gleichen Grundbedürfnisse und den Wunsch nach körperlicher Unversehrtheit wie jeder andere Mensch. Unsere Sinne sind nur einfach feiner abgestimmt. Eine ruhige Stunde in Supermärkten oder der bewusste Verzicht auf blinkende Leuchtreklame in Schaufenstern wären nicht nur ein Zeichen von Inklusion und Rücksicht, sondern würden echte Teilhabe ermöglichen. Für viele autistische Frauen könnte dies bedeuten, sich unabhängig versorgen zu können – ohne auf Unterstützung durch einen Partner angewiesen zu sein.

8. Stimming

>"Stimming ist für mich wie eine innere Melodie,
>die ich zum Klingen bringe."

Stimming bedeutet, sich selbst zu stimulieren. Das sind wiederholte Bewegungen, Töne oder Handlungen, die autistischen Frauen dabei helfen, sich zu beruhigen, zu konzentrieren oder ihre Sinne anzuregen. Es ist ein ganz natürlicher Teil des Autismus mit vielen verschiedene Formen, die von sanften Bewegungen bis hin zu komplexeren Ritualen reichen.

Verschiedene Formen von Stimming

Körperliche Stimmings

- **Bewegungen:** Mit den Händen wedeln, wippen, schaukeln, mit den Füßen trommeln, sich um sich selbst drehen.

- **Berührung:** An Stoffen reiben, mit den Fingern über Oberflächen streichen, Objekte drücken, die Innenseiten der Wangen aufbeißen, Kauen von Fingernägeln.

- **Gesichtsausdrücke:** Augen verdrehen, Zunge zeigen, Grimassen schneiden, Nase rümpfen, eine Schnute ziehen.

Akustische Stimmings

- **Geräusche:** Summen, klatschen, pfeifen, mit den Lippen schnalzen.

- **Sprache:** Wörter oder Sätze wiederholen, singen, laut vor sich hin sprechen, dabei monologisieren.

- **Hören:** Musik hören, bestimmte Geräusche suchen.

- Visuelle Stimmings

- **Objekte:** Mit Gegenständen drehen, sie hin und her

- bewegen, anschauen.

- **Licht:** Blinkende Lichter anschauen, Spiegelbilder betrachten.

- **Muster:** Muster an der Wand oder auf dem Boden betrachten.

Beispiele

- Um konzentriert zu sein, höre ich stunden-, teilweise tagelang am Stück das gleiche Lied in Dauerschleife.

- Ich drehe meine Haare, und schaukel mich vor und zurück, wenn ich über etwas nachdenke. Das ist bei mir kein Ausdruck von Nervosität.

- Wenn ich mich freue, schwinge ich meine Arme und schlage meine Handgelenke rhythmisch an den Oberkörper. Ich nenne es den „Pinguin-Move".

- Welche Formen von Stimming nutzt du? Hast du ihnen auch eigene Namen gegeben?

- Wie helfen dir deine Stimmings im Alltag? Welche davon sind sozial kompatibel, wenn du verstehst, was ich meine?

- Wie kannst du deine Stimmings so ausführen, dass sie dich nicht einschränken?

9. Ängste

„Angst ist wie ein Schatten, der mich ständig begleitet, ohne dass ich den Grund immer klar benennen kann. Das macht mir oft sogar noch mehr Angst."

Angst ist ein Gefühl, das uns warnt, wenn wir uns in einer gefährlichen Situation befinden. Für Autistinnen kann dieses Gefühl jedoch intensiver und häufiger auftreten, auch in Situationen, die andere als ungefährlich einschätzen. Das liegt daran, dass für uns die Welt so unvorhersehbar ist.

Angst beeinflusst alles im Alltag von sehr vielen Frauen im Autismusspektrum. Angst kann sich in vielen Formen zeigen, von leichten Sorgen bis hin zu Panikattacken oder sogar Meltdowns. Sie kann sich auf bestimmte Situationen, Orte oder Objekte beziehen oder auch ganz allgemein sein. Es gibt jedoch auch ungewöhnlich furchtlose Frauen, die vor wenig zurückschrecken.

Beispiele

- Ich habe große Angst vor sozialen Situationen mit vielen mir unbekannten Menschen und ziehe mich deshalb oft plötzlich zurück.

- Ich mache mir ständig Sorgen um die Zukunft und habe Schwierigkeiten, mich zu entspannen.

- Vage Aussagen oder unklare Zeitabsprachen können bei mir zu Panikattacken führen, weil ich nicht weiß, worauf ich mich einstellen soll. Ich habe kein Zeitgefühl und daher keine innere Uhr.

Fragen an dich

- Welche Ängste begleiten dich reglmäßig im Alltag?

- Inwiefern beeinflussen diese Ängste deine Lebensgestaltung?

- Welche Strategien hast du entwickelt, um mit deinen Ängsten umzugehen? Nutzt du hierbei ungewöhnliche Methoden?

10. Zwänge

> „Es fühlt sich an, als hätte ich einen inneren Kommandanten, der mir sagt, was ich tun muss, gegenüber dem ich mich aber auch immer wieder verweigere. Autonomie ist mir wichtig."

Zwänge können als sich wiederholende Muster von Gedanken oder Handlungen beschrieben werden, die dazu dienen, innere Spannungen abzubauen. Für viele Autistinnen sind sie ein wichtiger Teil ihrer Selbstregulation und sind oft ein Versuch, eine innere Ordnung zu schaffen, um sich in einer unberechenbaren Welt sicher zu fühlen. Sie können jedoch auch einschränkend wirken und den Alltag erschweren, weshalb es dann sinnvoll ist, nach gesünderen Alternativen zu suchen.

Zwänge können sich auf verschiedene Bereiche des Lebens beziehen, wie zum Beispiel Sauberkeit, Ordnung oder Sicherheit. Sie können viel Zeit in Anspruch nehmen und den Alltag erheblich beeinträchtigen.

Beispiele

- Ich muss meine Kleidung immer in der gleichen Reihenfolge anziehen. Die Socken kommen immer zuerst.

- Ich muss ständig die Zeit oder meine Termine checken, um bloß nichts zu vergessen und mich sicher zu fühlen.

- Andere Autistinnen haben Angst vor Bakterien, Sorgen davor, krank zu werden und waschen sich deshalb ständig die Hände.

Fragen an dich

- Welche Zwänge hast du?

- Wie beeinflussen diese Zwänge dein Leben?

- Welche Strategien helfen dir, um mit deinen Zwängen umzugehen?

11. Schlaf und Ruhe

„Manchmal fühlt es sich an, als wäre mein Kopf ein Radio, das einfach nicht ausschalten will. Gedanken kreisen endlos, und ich kann einfach nicht zur Ruhe kommen."

Schlaf ist wichtig für unsere Gesundheit und unser Wohlbefinden. Er hilft uns, uns zu erholen und neue Energie zu tanken. Schlaf kann für Autistinnen wie mich jedoch eine Herausforderung sein.

Stell dir vor, du legst dich abends ins Bett, aber dein Kopf ist voller Gedanken. Du hörst jedes kleine Geräusch und kannst einfach nicht abschalten. Das kann dazu führen, dass du schlecht einschläfst oder nachts häufig wach wirst.

Unsere Sinne spielen eine entscheidende Rolle bei der Regulierung unseres Schlaf-Wach-Rhythmus. Verschiedene sensorische Reize können unseren Schlaf fördern oder stören.

Beispiele

- **Licht:** Helligkeit signalisiert unserem Körper, dass es Tag ist. Blaues Licht, wie es von Bildschirmen ausgestrahlt wird, kann die Produktion des Schlafhormons Melatonin hemmen und so das Einschlafen erschweren.

- **Geräusche:** Laute Geräusche, aber auch leise Hintergrundgeräusche können unseren Schlaf stören. Manche Menschen schlafen jedoch besser bei leiser Musik oder einem Geräuschgenerator.

- **Temperaturen:** Eine zu warme oder zu kalte Umgebung kann den Schlaf beeinträchtigen. Die optimale Schlaftemperatur liegt meist zwischen 16 und 18 Grad Celsius.

- **Tastsinn:** Ein unbequemes Bett, zu enge Kleidung oder ein voller Magen können den Schlafkomfort reduzieren.

- **Gefühle:** Bin ich emotional unsortiert, oder überwältigt, bleibe ich wach; manchmal, jedoch selten, sogar mehrere Nächte am Stück.

Fragen an dich

- Welche Faktoren stören deinen Schlaf? Sind es laute Geräusche, ein zu helles Zimmer, oder vielleicht Sorgen und Ängste?

- Wie beeinflusst dein Schlaf deine Stimmung und deinen Alltag? Fühlst du dich morgens ausgeruht oder eher müde und gereizt?

- Gibt es bestimmte Zeiten oder Tage, an denen du besonders schlecht schläfst? Könnten diese mit bestimmten Ereignissen oder Aktivitäten zusammenhängen?

12. Routine und Veränderungen

„Plötzliche Veränderungen sind wie ein Erdbeben für mein Gehirn. Alles wackelt und nichts ist mehr sicher."

Routinen geben Autistinnen Struktur und Sicherheit. Sie sind wie ein Fahrplan, der uns durch den Tag führt. Für viele autistische Frauen sind sie besonders wichtig, da sie dabei helfen, die Komplexität der Welt zu ordnen und uns darin zurechtzufinden.

Stell dir vor, dein Tag ist ein Mosaik. Jede Routine ist ein Teil dieses Mosaiks, der seinen festen Platz hat. Wenn ein Teil fehlt oder an die falsche Stelle gerät, wird das gesamte Bild unscharf. Veränderungen sind wie ein Fremdkörper in diesem Bild. Sie stören die Ordnung und können zu Verwirrung und Unsicherheit führen.

Es gibt Autistinnen, für die Routinen unwichtig sind. Für diese Gruppe sind eher Handlungsabläufe wichtig, wenn überhaupt. Zu dieser Gruppe gehöre ich im Übrigen, wie die meisten Autistinnen, die zusätzlich noch ADHS oder weitere Neurodivergenzen haben.

Beispiele

- **Morgenroutine:** Aufstehen, duschen, frühstücken – immer in derselben Reihenfolge.

- **Arbeitsroutine:** Aufgaben in einer bestimmten Reihenfolge erledigen, bestimmte Arbeitsmaterialien verwenden.

- **Freizeitroutine:** Jeden Abend zur gleichen Zeit ein Buch lesen oder spazieren gehen.

Fragen an dich

- Wie wichtig sind dir Routinen in deinem Alltag? Fühlst du dich ohne sie verloren oder unsicher?

- Welche Veränderungen fallen dir besonders schwer? Sind es eher kleine Veränderungen im Tagesablauf oder größere Veränderungen wie ein Umzug?

- Welche Strategien helfen dir, mit Veränderungen umzugehen? Gibt es bestimmte Rituale oder Vorbereitungen, die dir dabei helfen, dich auf Neues einzustellen?

13. Imposter-Phänomen

> „Ich habe das Gefühl, eine Maske zu tragen und jeder kann sehen, dass ich eigentlich keine Ahnung habe."

Das Imposter-Syndrom, auch Hochstapler-Syndrom genannt, ist ein Gefühl, das viele Menschen kennen. Es ist das Gefühl, nicht gut genug zu sein oder seinen Erfolg nicht verdient zu haben. Trotz aller Erfolge plagen einen Zweifel und die Angst, als Betrüger entlarvt zu werden.

Stell dir vor, du hast eine wichtige Präsentation gehalten und alle sind begeistert. Trotzdem denkst du dir: "Die finden das nur gut, weil sie nett sein wollen. Ich habe ja eigentlich keine Ahnung." Dieses Gefühl, ein Hochstapler zu sein, ist typisch für das Imposter-Syndrom. Es ist kein Symptom von Autismus, aber ein Erleben, dass viele Autistinnen kennen.

Mögliche Ursachen im Zusammenhang mit Autismus

Anpassung: Viele von uns passen sich ständig an, um von anderen akzeptiert zu werden. Dabei können wir aus dem Blick verlieren, wer wir wirklich sind und was wir können.

Soziale Vergleichsprozesse: Wir vergleichen uns oft mit anderen und finden immer jemanden, der besser zu sein scheint. Das kann zu Selbstzweifeln führen.

Perfektionismus: Wir haben oft hohe Ansprüche an uns selbst und sind nie ganz zufrieden mit unseren Leistungen.

Beispiele

- Du hast ein Studium abgeschlossen, aber du denkst immer noch, dass du eigentlich nicht klug genug dafür bist.

- Du hast eine Beförderung bekommen, aber du hast Angst, dass deine Kollegen bald merken werden, dass du eigentlich nicht so kompetent bist.

- Du hast eine tolle Idee, aber du traust dich nicht, sie vorzustellen, weil du Angst hast, dass sie lächerlich ist.

Fragen an dich

- In welchen Situationen fühlst du dich besonders als Hochstapler? Bei Präsentationen, Prüfungen oder im Alltag?

- Welche Gedanken gehen dir durch den Kopf, wenn du ein Kompliment bekommst? Neigst du dazu, es abzuwerten oder zu glauben, dass es nicht ernst gemeint ist?

- Wie beeinflusst das Imposter-Syndrom deine Entscheidungen? Vermeidest du bestimmte Aufgaben oder Herausforderungen?

14. Soziale Interaktion und Kommunikation

> „Soziale Interaktion ist wie ein Tanz, bei dem man die Schritte erst lernen muss."

Kommunikation ist der Austausch von Informationen. Für Autistinnen kann es eine Herausforderung sein, sich verständlich zu machen und die Botschaften anderer zu verstehen. Denn neben den gesprochenen Worten spielen auch viele andere Dinge eine Rolle, wie zum Beispiel Körpersprache, Mimik, Gestik und Tonfall. Verbale Kommunikation wird von uns nicht unmittelbar intuitiv verstanden. Oft braucht es mehr Kontext, um das Gegenüber richtig zu deuten.

Stell dir vor, du versuchst dich auf einer Party zu unterhalten. Ein Gespräch kann sich dann so anfühlen, wie als wenn ich eine komplexe Idee mit einem Fremdsprachenwörterbuch erklären soll. Es ist schwierig, die richtigen Worte zu finden. So kann es sich für uns autistische Frauen oft anfühlen, wenn wir versuchen, unsere Gedanken und Gefühle auszudrücken.

Viele Autistinnen geraten dann in Extreme, um mit solchen Situationen umzugehen. Einige werden aus Unsicherheit oder Überforderung stumm. Andere Frauen, wie bspw. ich, reden manchmal euphorisch in Monologen auf ihre Gegenüber ein. Geht es um meine Interessensgebiete, bin ich wie ein Wasserfall und kaum noch zu stoppen. Das nennt sich „Infodumping" und dient dazu, Kontakt herzustellen oder auch um zu helfen. Für die meisten Menschen ist es übergriffig, was ich erst seit Kurzem weiß.

Autistinnen wirken auf verbaler Ebene oft souverän. Doch ihre Körpersprache sagt möglicherweise etwas ganz anderes aus. Diese Außenwirkung ist für nicht-autistische Menschen oft paradox, weshalb wir oft falsch gelesen und eingeschätzt werden. Das birgt viel Raum für Missverständnisse.

- Ich habe Schwierigkeiten, Witze zu verstehen oder zu erzählen, weil ich die versteckte Bedeutung oft nicht erkenne.

- Ich finde es schwierig, meine Gefühle in Worte zu fassen.

- Manchmal weiß ich selbst nicht genau, was ich denke, weil
  meine Innenwelt so komplex ist, dass ich es nicht genau auf
  den Punkt formulieren kann.

- Ich bevorzuge eine direkte und klare Kommunikation. Um-
  schweife und Doppeldeutigkeiten verwirren mich. Indirekte
  Kommunikation löst bei mir sogar starke Ängste aus.

Fragen an dich

- In welchen sozialen Situationen fühlst du dich sicher und in
  welchen eher überfordert? Vielleicht in kleinen Gruppen mit
  Freunden, in der Natur oder ganz allein? Oder eher in großen Gruppen, bei Veranstaltungen oder in Meetings?

- Welche nonverbalen Signale fallen dir besonders schwer zu
  deuten? Ist es der Tonfall, die Körpersprache oder der
  Blickkontakt? Welche Form der Kommunikation bevorzugst
  du daher; lieber schriftlich oder mündlich?

- Gibt es bestimmte Themen, über die du gerne sprichst und
  welche, die du eher meidest? Vielleicht Naturwissenschaf-
  ten, Bücher oder persönliche Interessen?

15. Angst vor Ablehnung

> „Zu oft fühle ich mich wie eine zerbrechliche Blume, die
> bei jedem Windhauch zu welken droht."

Die übermäßige Sorge davor, abgelehnt zu werden, ist Alltag vieler
Autistinnen. Diese Zurückweisungsempfindlichkeit, oder auch Re-

jection Sensitivity, beschreibt eine erhöhte Sensibilität gegenüber negativen sozialen Interaktionen. Betroffene neigen dazu, Kritik oder Ablehnung persönlich zu nehmen und interpretieren soziale Situationen häufig als abwertend.

Selbst subtile Hinweise auf Ablehnung können bei ihnen starke emotionale Reaktionen auslösen. Im Gegensatz zu dem im englischsprachigen Raum verbreiteten Begriff 'Rejection Sensitive Dysphoria' ist die Zurückweisungsempfindlichkeit ein wissenschaftlich fundiertes Konzept, das in der Psychologie intensiv erforscht wird.

Stell dir vor, du bist in einer Gruppe und jemand macht einen kleinen Scherz auf deine Kosten. Für andere mag das harmlos sein, aber für dich fühlt es sich an, als würde die ganze Welt gegen dich sein. Diese übermäßige Empfindlichkeit ist typisch für Rejection Sensitivity.

Es ist kein spezfisches Symptom von ‚Autismus, aber viele Autistinnen kennen dieses Erleben. Allerdings darf dabei auch nicht vergessen werden, dass Frauen wie ich weit überdurchschnittlich häufig Ablehnung erfahren. Daher gibt es „gute Gründe" für unsere empfindsamen Reaktionen.

Mögliche Ursachen im Zusammenhang mit Autismus

- **Soziale Unsicherheit:** Als Autistin bist du vielleicht unsicherer in sozialen Situationen. Jede negative Rückmeldung kann dann deine Zweifel bestätigen und deine Angst verstärken.

- **Angst vor Ablehnung:** Die Angst, von anderen abgelehnt zu werden, ist tief in dir verwurzelt. Dadurch bist du besonders wachsam für alles, was nach Ablehnung klingt.

- **Schwarz-Weiß-Denken:** Manchmal neigst du dazu, Situationen in Schwarz und Weiß zu sehen. Ein kleiner Kritikpunkt wird dann schnell zum Beweis für deine Unzulänglichkeit.

Beispiele

- Ein Kompliment wird fälschlicherweise als Ironie interpretiert.

- Eine neutrale Frage wird als Angriff aufgefasst.

- Ein kleiner Fehler führt zu dem Gedanken, dass man alles, also wirklich alles, falsch macht.

Fragen an dich

- Wie reagierst du auf Kritik oder Ablehnung? Neigst du dazu, dich zurückzuziehen oder dich zu verteidigen?

- Welche Gedanken gehen dir durch den Kopf, wenn du dich abgelehnt fühlst? Welche negativen Selbstgespräche führst du?

- Wie beeinflusst deine Zurückweisungsempfindlichkeit deine Beziehungen? Vermeidest du bestimmte Situationen oder Menschen?

Unsere Strategien sind nicht nur
Schutzmechanismen, sondern auch
Ausdruck unserer Anpassungsfähigkeit.

Sie fungieren wie unsichtbare Werkzeuge,
die uns im Alltag begleiten und uns
helfen, in einer Welt zu bestehen, die
oft nicht für uns gemacht ist.

Diese kleinen Wunder schenken uns die
Freiheit, wir selbst zu sein – selbst
in den Momenten, die uns
überwältigen könnten.

TEIL IV - STÄRKEN UND PERSPEKTIVEN

16. Autistische Stärken

> „Hinter jedem Detail steckt eine Geschichte. Mein Autismus ermöglicht es mir, diese Geschichten zu sehen und zu verstehen, und das macht mich zu einem empathischen und loyalen Menschen. Mein vernetztes Denken befähigt mich dazu, Zusammenhänge zu erkennen, die für andere unsichtbar sind."

Autistische Frauen verfügen über eine Vielzahl von Stärken, die oft übersehen werden. Diese Stärken können in verschiedenen Bereichen liegen und sowohl im persönlichen als auch im beruflichen Leben von Vorteil sein.

Beispiele

- **Kreativität:** Fähigkeit, neue und ungewöhnliche Ideen zu entwickeln, detailreiche Welten zu erschaffen oder komplexe Probleme auf innovative Weise zu lösen.

- **Detailgenauigkeit:** Ausgeprägte Fähigkeit, kleine Details wahrzunehmen und zu erinnern, was in Bereichen wie der Datenanalyse oder der Qualitätskontrolle von Vorteil sein kann.

- **Fokussierung:** Fähigkeit, sich intensiv auf eine Aufgabe zu konzentrieren und dabei äußere Reize auszublenden.

- **Loyalität:** Starke Loyalität gegenüber Menschen, denen man vertraut, verbunden mit einem Bedürfnis nach Fairness.

Fragen an dich

- In welchen Situationen hast du festgestellt, dass deine autistischen Stärken dir von Vorteil sind?

- Welche deiner Stärken möchtest du gerne weiterentwickeln?

- Wie kannst du deine Stärken nutzen, um deine Ziele zu erreichen?

17. Synästhesie

„Wenn ich Musik höre, durchfluten Töne meinen Körper, und jede Note fühlt sich an wie eine Berührung. Farben tanzen wie Wolken vor meinen Augen und es sich so an, als könnte ich die Musik auf meiner Haut spüren."

Synästhesie ist ein faszinierendes Phänomen, bei dem die Sinne miteinander verschmelzen. Für Autistinnen kann das bedeuten, dass wir Farben hören, Zahlen schmecken oder Formen fühlen. Es ist, als hätten wir eine zusätzliche Verbindung zwischen unseren Sinnen.

Stell dir vor, du hörst ein Musikstück und siehst dabei gleichzeitig bunte Farben vor deinem inneren Auge. Oder wenn du eine Zahl siehst, spürst du eine bestimmte Form auf deiner Haut. Das ist Synästhesie. Für viele Autistinnen ist es ganz normal, dass ihre Sinne miteinander verknüpft sind. Diese einzigartige Wahrnehmung kann unser Leben bereichern, aber auch herausfordernd sein.

Beispiele

Körperliche Synästhesien

- **Bewegungs-Geschmack:** Bei bestimmten Bewegungen wird ein bestimmter Geschmack im Mund wahrgenommen.

- **Emotion-Farbe:** Emotionen werden automatisch mit einer bestimmten Farbe assoziiert.

- **Zeit-Raum:** Zeit wird als räumliche Dimension wahrgenommen (z.B. die Vergangenheit als "hinter einem").

Abstrakte Synästhesien

- **Zahl-Persönlichkeit:** Zahlen werden mit bestimmten Persönlichkeitsmerkmalen assoziiert.

- **Tag-Emotion:** Jeder Wochentag wird mit einer bestimmten Emotion verbunden.

- **Musikalisch-räumliche Synästhesie:** Wenn du Musik hörst, siehst du sie als sich bewegende Formen im Raum.

Alltägliche Beispiele

- **"Scharfer Ton":** Hier wird die Lautstärke eines Tones mit einem Geschmack in Verbindung gebracht.

- **"Warme Farben":** Farben wie Rot und Orange werden oft mit Wärme assoziiert.

- **"Harte Konsonanten":** Bestimmte Konsonanten werden als hart oder rau empfunden.

Fragen an dich

- Gibt es bestimmte Sinne, die bei dir besonders miteinander verbunden sind?

- Wie beeinflusst deine Synästhesie deinen Alltag? Gibt es Situationen, in denen deine Synästhesie dir Vorteile bringt?

- Gibt es Situationen, in denen deine Synästhesie dich herausfordert?

18. Spezialinteressen

„Es ist, als würde ich in einen Ozean aus Informationen eintauchen und nie wieder auftauchen wollen."

Spezialinteressen sind Themen oder Bereiche, für die wir eine besonders starke Leidenschaft entwickeln. Sie faszinieren uns so sehr, dass wir uns intensiv damit beschäftigen und viel Zeit damit verbringen.

Spezialinteressen sind die individuellen Universen von Autistinnen. Sie können von den klassischen Wissenschaften bis hin zu den glitzernden Welten von Disney reichen. Ob es nun um die komplexen Zusammenhänge der Psychologie, perfekte Outfits und Make-Up, die Schönheit von Edelsteinen oder die faszinierende Welt der Tierzucht geht – unsere Interessen sind so einzigartig wie wir selbst.

Es ist ein weitverbreiteter Irrglaube, dass ein Spezialinteresse automatisch mit einer fachlichen Kompetenz einhergeht. Oft ist es einfach nur eine leidenschaftliche Beschäftigung, die uns unvorstellbare Freude bereitet und zu der einige Autistinnen nahezu obsessiv alles sammeln. Ich mag an dieser Stelle anmerken, dass nicht jede autistische Frau ein Spezialinteresse hat und dass gerade die, die zusätzlich noch ADHS haben, oft sogar über mehrere verfügen. Zur letzteren Gruppe gehöre ich.

Beispiele

- Ich kann stundenlang tiefe Gespräche zu psychologischen Themen führen, um im nächsten Moment wieder einmal in soziale Fettnäpfchen zu treten.

- Eine andere Autistin mag womöglich ein intensives Interesse für Astrologie haben und Persönlichkeitstypen anhand von Sternzeichen ermitteln können.

- Handarbeit ist bei vielen Autistinnen sehr beliebt. Eine nahezu vollständige Sammlung verschiedener Farben und Texturen von Wolle fürs Stricken findet man wahrscheinlich bei einer Autistin.

Fragen an dich

- Welche Spezialinteressen hast du?

- Wie haben deine Spezialinteressen dein Leben bereichert?

- Wie kannst du deine Spezialinteressen nutzen, um deine Ziele zu erreichen?

19. Autistische Talente

> „Manchmal habe ich das Gefühl, dass da ein unsichtbarer Schatz in mir ist, den andere nicht haben."

Für andere ungewöhnliche Fähigkeiten sind Talente, die uns von anderen unterscheiden. Sie können sich in verschiedenen Bereichen zeigen, wie zum Beispiel in der Kunst, Musik, Zahlen oder dem Sprachenlernen. Ich persönlich vermeide die Bezeichnung ‚Superkraft', da diese Gaben eng mit dem autistischen Kompetenzprofil verknüpft sind. Es ist innerhalb des Autismusspektrums also ziemlich normal.

Unsere einzigartigen Fähigkeiten können sich aus unseren Spezialinteressen entwickeln und möglicherweise auch mit diesem verknüpft sein, was aber nicht immer der Fall ist. Bestimmte Fähigkeiten können auch ganz unabhängig davon entstehen. Sie können uns helfen, Herausforderungen zu meistern und unsere Ziele zu erreichen. Allerdings gibt es auch viele Autistinnen, die nicht über diese Skills verfügen. Dass alle autistischen Frauen über einzigartige Talente verfügen, die sie stark von anderen Menschen unterscheidet, ist ein überholtes Stereotyp.

Mein Interessen- und Fähigkeitenprofil

Aufgrund meiner verschiedenen Interessensgebiete, in denen ich außerdem meine Fähigkeiten im Verlauf der Jahre weiter ausbauen konnte, bin ich wie ein Multifunktionswerkzeug; eine Art Schweizer Taschenmesser. Das ist bei autistischen Frauen mit höherer Intelligenz und weiteren Neurodivergenzen auch nicht ungewöhnlich, wie ich im Austausch mit anderen Frauen feststellen durfte.

Undiagnostizierte unsichtbare Behinderungen sorgen im Alltag oftmals für Not. Die macht bekanntermaßen erfinderisch, weshalb Frauen mit meinem Kompetenzprofil, entgegen herkömmlicher Stereotype, ungewöhnlich flexibel, begabt und kommunikativ sind. Die noch vorherrschende defizitorientierte Betrachtungsweise von Autismus wird Frauen wie mir nicht gerecht. In meinem Netzwerk, der Monka-Community, befinden sich, neben mir, außergewöhnlich viele Pädagoginnen. Allesamt sind sie hervorragende Fachkräfte mit einem besonderen Einfühlungsvermögen für die vermeintlich schwierigen Klientinnen.

Man kann sich kaum vorstellen, wie verletzend es für mich war, als mir die Geschäftsführung eines sozialen Verbands in einem Bewerbungsgespräch direkt ins Gesicht sagte, dass „niemand so viel könne". Erneut wurde ich aufgrund von Vorurteilen abgewertet - und diesmal von einer Person, die es eigentlich besser wissen sollte. Fast noch schmerzhafter war jedoch das Schweigen der beiden anderen Anwesenden im Gespräch.

Ich habe in diesem Gespräch offen über meine Schwächen gesprochen, darunter auch meine Ängste in neuen Situationen. Doch selbst diese Offenheit wurde mir abgesprochen, weil ich nicht „so wirken" würde und man es mir „nicht ansehen" könne. Diese Begegnung war einer der entscheidenden Gründe dafür, eine fachärztliche Diagnose einzuholen. Es war eine bittere Erkenntnis, dass ich diesen Schutz tatsächlich brauche, um bei Bewerbungen und am Arbeitsplatz faire Bedingungen für mich einfordern zu können. Ich möchte meine vielseitigen Fähigkeiten sinnstiftend einsetzen, bin aber auf Rücksichtnahme angewiesen, um gesund zu bleiben.

Beispiele

- Einige Autistinnen können sich sehr gut an Details erinnern und haben ein ausgezeichnetes Gedächtnis.

- Andere hingegen haben ein musikalisches Gehör und können Melodien leicht nachspielen.

- Ich bin sehr gut darin, komplexe Zusammenhänge zu verstehen und zu erklären, was mir bspw. bei der Erstellung dieses Buchs sehr geholfen hat.

Fragen an dich

- Welche besonderen Fähigkeiten hast du?

- Wie kannst du deine Fähigkeiten nutzen, um dein Leben zu gestalten?

- Wie kannst du andere von deinen Fähigkeiten profitieren lassen?

20. Hyperfokus

„Wenn ich mich in etwas vertieft habe, vergesse ich alles um mich herum. Es ist, wie als wenn die Welt um mich herum nicht mehr existiert. Dieser Zustand ist mehr als ein Gefühl des Flow, es ist absolute Hingabe."

Der Hyperfokus, die Fähigkeit, sich so intensiv auf eine Aufgabe oder ein Interesse zu konzentrieren, dass die Umwelt fast ausgeblendet wird, ist ein charakteristisches Merkmal vieler, aber nicht aller, Autistinnen. Diese tiefe Vertiefung in ein Thema kann dabei helfen, komplexe Aufgaben zu lösen und kreative Lösungen zu entwickeln. Es ist wie ein Tunnelblick, der uns ermöglicht, uns ganz auf das Wesentliche zu konzentrieren. Der Hyperfokus kann mit dem Konzept des Flow verglichen werden, einem Zustand völliger Absorption in einer Tätigkeit.

Nicht jede Autistin erlebt den Hyperfokus in gleicher Weise. Für manche ist er ein Geschenk, das ihnen ermöglicht, ihre Talente voll auszuschöpfen. Andere wiederum empfinden ihn als Belastung, da er es schwierig machen kann, sich auf mehrere Dinge gleichzeitig zu konzentrieren. Denn die Fähigkeit, sich so stark zu fokussieren, kann es schwierig machen, zwischen verschiedenen Aufgaben zu wechseln oder soziale Kontakte zu pflegen.

Der Hyperfokus ist ein faszinierendes Phänomen, das die Vielfalt der Interessen und Fähigkeiten von Frauen mit Autismus widerspiegelt. Er kann sowohl positive als auch negative Auswirkungen haben. So kann es vorkommen, dass Essen und Trinken vollkommen vergessen wird, weshalb ich mir dafür Wecker stelle.

Merkmale des Hyperfokus

Intensive Konzentration: Die betroffene Person taucht so tief in ihre Tätigkeit ein, dass sie ihre Umgebung ausblendet.

Zeitlosigkeit: Stunden vergehen wie im Flug, ohne dass die Person ein Bedürfnis nach einer Pause verspürt.

Tiefe Zufriedenheit: Der Hyperfokus bietet ein Gefühl von Erfüllung und ermöglicht es, Stress abzubauen und zur Ruhe zu kommen.

Individuelle Vielfalt: Die Interessen und Ausprägungen des Hyperfokus sind so vielfältig wie Autistinnen selbst.

Beispiele

Manche autistische Frauen finden ihre Leidenschaft, oft auch als Spezialinteresse bezeichnet, im Sammeln von Objekten wie Wolle, Literatur oder, wie in meinem Fall, Stifte und Musik. Das systematische Ordnen und Kategorisieren dieser Sammlungen nach individuellen Kriterien kann stundenlang fesseln und eine tiefe Zufriedenheit bereiten. Das ist beispielhaft für den Hyperfokus. Andere wiederum finden Erfüllung im Planen und Organisieren. Detaillierte To-Do-Listen und sorgfältig ausgearbeitete Pläne bieten ihnen Struktur und das Gefühl von Kontrolle.

Ein weiterer häufiger Hyperfokus liegt im Bereich der Kreativität. Das vertiefte Malen, Zeichnen oder Schreiben, oft ohne Pausen, ermöglicht es, in eine eigene Welt einzutauchen und Gedanken und Gefühle künstlerisch auszudrücken. Auch handwerkliche Tätigkeiten wie Stricken, Häkeln oder Nähen können stundenlang fesseln und ein Gefühl von Erfüllung vermitteln.

Die Welt der Bücher übt auf viele Autistinnen eine starke Anziehungskraft aus. Das Lesen bietet die Möglichkeit, in andere Welten einzutauchen und sich mit den Charakteren zu identifizieren. Die intensive Beschäftigung mit einem Buch kann so sehr in den Bann ziehen, dass Zeit und Raum völlig vergessen werden.

Das vorliegende Buch z.B. ist in einem Zustand des Hyperfokus entstanden, der ungefähr zehn Tage andauerte. Ich habe in dieser Zeit kaum etwas anderes machen können, mich viel von Erbsensuppe aus der Dose ernährt und die gleiche Playlist in Dauerschleife gehört. An einem Tag war ich in Freude so vertieft, dass ich nicht schlafen konnte und erst nach 38 Stunden zur Ruhe fand. Aber auch erst nachdem eine Teilaufgabe wirklich beendet war. Ein Zustand im Hyperfokus ist also nicht immer gut für die Gesundheit.

Fragen an dich

- In welchen Situationen erlebst du den Hyperfokus?
- Welche Rolle spielt der Hyperfokus in deiner persönlichen Entwicklung?

- Wie nutzt du deinen Hyperfokus im Alltag? Und wie gehst du mit den Herausforderungen um, die der Hyperfokus mit sich bringt?

21. Meine Kompensationsstrategien

> „Meine Kompensationsstrategien sind wie ein Schutzan-
> zug, der mich vor den Stürmen des Lebens schützt und
> mir die Kraft gibt, weiterzugehen."

Autistinnen finden oft ganz besondere Wege, um mit den Herausforderungen des Alltags klarzukommen. Diese kleinen und großen Tricks nennen wir Kompensationsstrategien. Sie helfen uns dabei, uns in unserer Welt sicherer und wohler zu fühlen.

Stell dir vor, du fährst mit dem Fahrrad und plötzlich kommt eine Kurve. Um nicht zu stürzen, musst du schnell reagieren und das Lenkrad drehen. So ähnlich ist es auch bei unseren Kompensationsstrategien. Sie sind wie kleine Helferinnen, die uns dabei unterstützen, Hindernisse zu überwinden und unser Ziel zu erreichen. Welche das bei mir sind, erfährst du in den folgenden Absätzen.

Meine Sinne

Wie ich mit einer Welt voller Eindrücke umgehe

Geräusche überfluten mich: Ich trage oft Kopfhörer mit Musik, um mich vor lauter Geräuschen abzuschotten und mich besser konzentrieren zu können.

Helle Lichter stören mich: Ich habe mir mehrere Sonnenbrillen mit getönten Gläsern besorgt, die ich bei Bedarf trage, um meine Augen zu schonen.

Verschiedene Stoffe fühlen sich unangenehm an: Ich ziehe nur Kleidung aus weichen Materialien an, die sich gut auf meiner Haut anfühlen, um unnötige Reize zu vermeiden. Mein Kleidungsstil ist elegant, aber auch systematisch.

Visuelle Entspannung: Ich habe mir einen kleinen Ruhebereich in meiner Wohnung eingerichtet, in den ich mich zurückziehen kann. Dieser Raum ist mit beruhigenden Farben gestaltet und enthält viele Pflanzen. So kann ich meinen Blick von meinen Bildschirmen abwenden und mich entspannen.

Akustische Gestaltung: Um mich vor störenden Geräuschen zu schützen, nutze ich Ohrstöpsel oder Kopfhörer mit entspannender Musik. Besonders hilfreich finde ich Naturgeräusche wie das Rauschen des Meeres.

Kommunikation

So finde ich die richtigen Worte

Mir fällt es schwer, meine Gedanken zu ordnen: Ich schreibe mir vor einem Gespräch Stichpunkte auf, um meine Gedanken zu strukturieren und nichts zu vergessen.

Ich verstehe oft nicht sofort, was andere wirklich meinen: Ich bitte meine Gesprächspartner, Sätze zu wiederholen oder anders zu formulieren, wenn ich etwas nicht verstehe.

Ich bin unsicher, wie ich meine Gefühle ausdrücken soll: Ich habe mir eine Liste mit Gefühlsausdrücken zusammengestellt, auf die ich zurückgreifen kann, wenn ich Schwierigkeiten habe, meine Emotionen zu beschreiben.

Soziale Situationen

Wie ich Kontakte knüpfe und pflege

- **Große Gruppen machen mich nervös:** Ich suche mir bei Veranstaltungen kleine Gesprächsgruppen aus, in denen ich mich wohler fühle und mich austauschen kann.

- **Ich finde es schwierig, Smalltalk zu führen:** Ich bereite mir im Vorfeld einige Gesprächsthemen vor, um nicht ins Stocken zu geraten.

- **Ich habe oft Angst davor, etwas Falsches zu sagen:** Ich übe soziale Situationen im Kopf oder mit einer vertrauten Person, um sicherer zu werden und um eine Art Skript für mich im Hinterkopf zu haben.

Ängste und Sorgen

Wie ich mit ihnen umgehe

- **Ich habe Angst vor Veränderungen:** Nein, ich habe sogar regelrecht Panik davor! Ich erstelle mir deshalb detaillierte Pläne, um mich auf neue Situationen vorzubereiten und das Gefühl der Unsicherheit etwas zu verringern.

- **Ich mache mir oft Sorgen um die Zukunft:** Ich führe ein Tagebuch, in dem ich meine Ängste niederschreibe und versuche, sie durch einen Realitätscheck zu relativieren.

- **Ich habe Schwierigkeiten, mich zu entspannen:** Ich übe regelmäßig Atemübungen und progressive Muskelentspannung, um zur Ruhe zu kommen. Ansonsten hilft es mir, Dinge zu sortieren, um mich mental zu ordnen und zur Ruhe zu finden.

Zeit- und Handlungsplanung

Meine Tools im Alltag

- **Detailliert und strukturiert:** Ich habe mir einen Stundenplan für meinen Tag erstellt. So habe ich den Überblick und kann meine Zeit optimal nutzen.

- **Themenbasierte Wochenplanung:** Jeden Wochentag widme ich mich einem bestimmten Thema, bspw. im Haushalt.

So kann ich mich besser konzentrieren und Ablenkungen vermeiden.

- **Visuell und anschaulich:** Ich nutze mein Smartpone zur Tagesstrukturierung. Arbeits-, Essens- oder Ruhephasen sind mit Symbolen als Wecker voreingestellt.

- **Schritt für Schritt:** Ich zerlege große Aufgaben in kleinere, überschaubare Schritte. So fühle ich mich nicht überfordert und kann jeden Schritt einzeln abarbeiten. So steht bei mir in jedem Raum ein Notizklotz, auf dem ich immer die nächsten Schritte aufschreibe.

- **Prioritäten setzen:** Ich erstelle To-do-Listen und ordne meine Aufgaben nach ihrer Wichtigkeit mithilfe eines Ampelsystems. So behalte ich den Überblick darüber, was zuerst erledigt werden muss.

- **Iconboard für Routineaufgaben:** Für wiederkehrende Aufgaben im Haushalt habe ich mir eine Pinnwand mit Icons erstellt, um sicherzustellen, dass nichts vergessen wird.

Fragen an dich

- Welche kleinen Rituale und Strategien machen deinen Alltag leichter?

- Gibt es etwas, das du besonders gut kannst, weil du eine bestimmte Strategie entwickelt hast?

- Was möchtest du gerne ausprobieren, um dich noch besser zurechtzufinden?

Viele von uns kennen das Gefühl,
auf Antworten zu warten, die vielleicht
nie kommen.

Doch wenn du dich autistisch fühlst,
wenn du weißt, dass dies deine Art zu sein ist
– dann brauchst du keine offizielle Bestätigung,
um dazu zu gehören.

Willkommen in unserer Gemeinschaft,
hier gibt es Platz für alle.

TEIL V – WEGE ZUR AKZEPTANZ

22. Die Sache mit den Diagnosen

22.1 Verschiedene Formen von Diagnosen

22.1.1 Die fachärztliche Diagnose

Um im medizinischen Kontext als Autistin anerkannt zu werden, ist normalerweise eine **fachärztliche Diagnose** nötig. Das bedeutet, eine Psychiaterin oder eine spezialisierte Psychologin führt eine gründliche Untersuchung durch. Dies läuft meist über spezialisierte Diagnosezentren, die mit bestimmten Testverfahren arbeiten. Bei diesem Prozess kann das Verhalten in verschiedenen Bereichen analysiert werden, etwa in der Kommunikation, bei sozialen Kontakten, im Umgang mit Sinneseindrücken oder Routinen.

Für viele Autistinnen bleibt eine solche Diagnose jedoch unerreichbar, weil entweder nicht genügend Fachärztinnen in der Nähe sind oder die langen Wartelisten es schwer machen, zeitnah einen Termin zu bekommen. Für erwachsene Frauen kann es besonders herausfordernd sein, weil viele Ärztinnen noch wenig Erfahrung mit der spezifischen Ausprägung von Autismus bei Frauen haben.

Viele Symptome werden häufig übersehen oder als Teil der Persönlichkeit missverstanden, da Frauen oft früh lernen, zu maskieren, also unauffälliger zu wirken, um nicht aufzufallen. Das ist insofern problematisch, als dass eine offizielle Diagnose als Anspruchsgrundlage gegenüber Behörden notwendig ist, um Hilfen zu erhalten.

22.1.2 Die fachliche Feststellung

Eine Alternative zur ärztlichen Diagnose bietet die sogenannte **fachliche Feststellung**. Diese Art der „Diagnose light" kann ein erster, schnell umsetzbarer Schritt sein, da sie auf Gesprächen und Beobachtungen basiert, ohne die zeitintensiven Tests, die oft zur formalen Diagnosestellung gehören. Diese Feststellung kann helfen, Autismus anzusprechen und erste Hilfen zu ermöglichen, ist jedoch nicht in jedem Fall als offizielle Diagnose anerkannt. Auch psychologisches Fachpersonal, also Helferinnen ohne ärztliche Ausbildung, können eine solche Feststellung abgeben.

22.1.3 Die Selbstdiagnose

Eine **Selbstdiagnose** stellt für viele einen wichtigen und befreienden Schritt dar. Wer seine eigene Wahrnehmung, sein Verhalten und seine Erfahrungen durch das systematische Studium fundierter Fachliteratur sowie mithilfe von Tests und Checklisten kritisch reflektiert und einordnet, gewinnt häufig wertvolle Klarheit über sich selbst. Dadurch lassen sich Strategien entwickeln, die den Alltag erleichtern können. Dieser Prozess erfordert jedoch Zeit und Geduld und kann sich über Monate oder sogar Jahre erstrecken.

In der Autistinnen-Community erfährt die Selbstdiagnose breite Anerkennung und hilft Betroffenen, ihren Alltag bewusster und selbstbewusster zu gestalten. Denn Autismus ist eine individuelle Art des Seins – ein prägender Bestandteil, mit dem Menschen auch ohne offizielle Diagnose leben und wachsen können.

Die Selbstdiagnose ist eine wertvolle und legitime Form der Identifikation und oft der erste Schritt zur Selbstakzeptanz. Sie ermöglicht es Betroffenen, sich intensiv mit ihrer Lebensgeschichte, ihren Stärken und Bedürfnissen im Kontext des Spektrums auseinanderzusetzen. Besonders im englischsprachigen Raum ist die Selbstdiagnose verbreitet und wird in vielen Fachkreisen anerkannt. Sie bietet Autistinnen die Möglichkeit, sich selbst und ihre Bedürfnisse besser zu verstehen und anzunehmen, unabhängig von einer fachärztlichen Diagnose.

22.2 Barrieren beim Zugang zu Wissen

22.2.1 Die Rolle von Social-Media

Der Austausch auf Social Media ist bereichernd, um Aufmerksamkeit für Autismus zu schaffen. Doch in der eigenen Selbstidentifikation ist es wichtig, mögliche Fehleinschätzungen im Hinterkopf zu behalten. Eine fundierte Selbstdiagnose sollte auf eigenständigem, umfassendem Wissen basieren und nicht nur auf einzelnen Erfahrungsberichten einiger Content Creatorinnen. Auch das Ausfüllen eines einzigen Fragebogens, selbst eines anerkannten, reicht nicht aus; vielmehr verlangt eine Selbstdiagnose eine intensive und mehrdimensionale Auseinandersetzung, die weit über erste Recherchen hinausgeht.

Eine ernsthafte Selbstdiagnose erfordert mehr als nur das Recherchieren auf Instagram. Social-Media-Accounts leisten wertvolle Aufklärungsarbeit zu Autismus und ADHS und tragen dazu bei, Neurodivergenz ins Bewusstsein zu rücken. Dennoch beobachte ich besonders bei ADHS-Kanälen, auch sehr großen, dass Merkmale, die ich nach intensiver Recherche und dem Austausch mit anderen Autistinnen als autistisch einstufen würde, häufig als Symptome von ADHS beschrieben werden.

22.2.2 Fachbücher über Autismus

Für viele autistische Frauen ist es alles andere als einfach, sich in die oft komplexe Fachliteratur über Autismus einzuarbeiten. Das erschwert die Selbstdiagnose enorm. Mütter, die vielleicht alleinerziehend sind und mehrere Kinder versorgen, haben oft schlichtweg keine Zeit, sich in komplizierte Texte zu vertiefen. Andere Frauen wiederum, die etwa aufgrund von Konzentrationsproblemen oder sensorischer Überlastung die Schule abbrechen mussten, haben möglicherweise nicht die mentale Kapazität für umfangreiche Fachlektüre.

Hinzu kommt, dass viele autistische Frauen mit Scham aufgewachsen sind, die oft tief in ihr Selbstwertgefühl eingreift und sie glauben lässt, weniger intelligent zu sein. Zwar gibt es inzwischen gute Ratgeber zum Thema Autismus, auch im deutschsprachigen Raum – allerdings sind diese oft in einer sehr akademischen Sprache verfasst, die überfordernd sein kann. Gerade diese Sprache stellt eine große Hürde dar, wenn es darum geht, überhaupt einen Zugang zum Thema Autismus zu finden.

22.2.3 Biografische Bücher von Autistinnen

Für viele Autistinnen sind Publikationen anderer Autistinnen eine wertvolle Ressource. Die Schilderungen anderer Frauen helfen dabei, sich gesehen zu fühlen und um sich zu identifizieren. Es gibt immer mehr Veröffentlichungen auf dem deutschsprachigen Buchmarkt. Sie sind eine sinnvolle Ergänzung, um Worte zur Formulierung des eigenen Erlebens zu finden. Mir persönlich haben mehrere Bücher emotional sehr geholfen, allerdings nicht, um Fachbegriffe zu lernen, um das Gelesene vielleicht etwas besser einordnen zu können. Darüber hinaus, und das ist an der Stelle mein persönliches Empfinden, fällt es mir emotional schwer, lange Ausführungen über die Leidenswege anderer Autistinnen zu lesen. Das tut mir zu sehr weh.

22.2.4 Der Monkapass als Brücke zwischen den Medien

Dieses Buch möchte als Guide eine Lücke schließen. Es vereint aktuelles Wissen aus Diskussionen auf Social Media mit klar verständlichem Fachwissen und persönlichen Erfahrungen. Der Guide ist so gestaltet, dass er Wissen in einer möglichst barrierearmen Form vermittelt und damit einen leichten Einstieg in das Thema bietet. Dieses Wissen ist besonders wichtig, damit Frauen selbstbestimmt mit Ärztinnen sprechen und ihr Erleben ohne Angst ausdrücken können.

Viele autistische Frauen – auch ich selbst – haben oft das Gefühl, ständig etwas falsch zu machen, und schweigen dann lieber oder formulieren umständlich, sodass wir nicht verstanden werden. Oft möchten wir sicherstellen, dass wir richtig verstanden werden, und neigen dazu, Dinge viel zu komplex auszudrücken – was dann wiederum die eigentliche Botschaft verfehlt.

Der Guide hilft dabei, diese Kommunikationsbarrieren, die besonders zwischen Ärztinnen und Patientinnen bestehen, etwas zu mildern. Gleichzeitig unterstützt er autistische Frauen darin, sich gezielt und systematisch in bestimmte Themen der Fachliteratur einzuarbeiten. Wissen über Autismus sollte allen zugänglich sein – nicht nur autistischen Frauen wie mir, die die Zeit und die Ressourcen haben, sich dieses Wissen auf mühsame Weise anzueignen. Ohne mein vorheriges Studium der Sozialen Arbeit hätte ich das im Übrigen wahrscheinlich niemals geschafft. Ich bin keine geistige Überfliegerin.

Es kann und muss einfacher gehen – und dieser Guide ist eine Unterstützung dabei.

22.3 Die Selbstidentifikation als Eintrittskarte

Viele, die eine medizinische Diagnose anstreben, tun dies aus gutem Grund. Viele Autistinnen, mit denen ich gesprochen habe, haben eine lange Reise hinter sich – eine wahre Odyssee von Fehldiagnosen und Missverständnissen. Sie sind auf der Suche nach Antworten und nach der passenden Unterstützung, die oft leider schwer zu finden ist. Falls du also hoffst, dass eine Diagnose dir sofort die ersehnte Hilfe bringt, möchte ich dich darauf vorbereiten, dass der Weg möglicherweise länger und herausfordernder sein kann.

Natürlich ist eine Diagnose hilfreich, weil sie dir offiziell Anspruch auf autismusspezifische Unterstützung gibt. In meinem Fall hatte ich das Glück, genau die Hilfe zu bekommen, die ich brauchte, und konnte mein Leben dadurch völlig neu ausrichten. Ich weiß jedoch, dass dies leider nicht der Regelfall ist und dass viele von uns zusätzlich noch mit bürokratischen Hürden kämpfen müssen.

Wenn du im Alltag mit Herausforderungen kämpfst, die deine Unabhängigkeit, deine Sicherheit oder deine körperliche und seelische Gesundheit gefährden, kann es sinnvoll sein, eine fachärztliche Diagnose anzustreben – besonders, wenn deine bisherigen Diagnosen nicht ausreichen. Eine solche Diagnose kann auch emotional wertvoll sein, weil sie dir das Gefühl der Anerkennung für deine Identität gibt.

Dennoch möchte ich dir mitgeben: Niemand außer dir selbst kann dir wirklich sagen, ob du autistisch bist. Ärztliche Einschätzungen können auch irren. Deswegen wünsche ich dir, dass du dich nicht ausschließlich darauf verlässt. Deine Selbstidentifikation und dein Gefühl, in der autistischen Community dazuzugehören, sind bereits wertvoll und ausreichend.

Kurz gesagt: Du fühlst, denkst und erlebst autistisch? **Herzlich willkommen im Club!** Wir haben noch genügend Plätze frei.

23. Checkliste zur Selbsterkundung

Die Checkliste aus dem Buch „Monkapass: Ein Guide durchs Autismusspektrum für Frauen - Dein Kompass zur Selbstidentifikation" bietet eine umfassende und strukturierte Übersicht über mögliche Merkmale, Eigenschaften und Herausforderungen im Autismusspektrum.

Diese Liste ist eine geistige Eigenleistung, die ich selbst erstellt habe, basierend auf meiner Analyse zahlreicher Tests und meiner Erfahrung aus zahlreichen Gesprächen mit anderen Autistinnen. Für die Entwicklung der Checkliste habe ich gezielt Aspekte ausgewählt, die für die Selbstidentifikation autistischer Frauen relevant sind. Die Grundlage bildet eine Kombination aus anerkannten diagnostischen Kriterien des ICD-11 und DSM-5 sowie bewährten Frage- und Diagnostikbögen, darunter der Autism-Spectrum Quotient (AQ), die Ritvo Autism Asperger Diagnostic Scale (RAADS), der Camouflaging Autistic Traits Questionnaire (CAT-Q), die Selfassessment of Autistic Traits (SAAT) und die GQ-ASC Scale for Adult Women.

Zusätzlich umfasst die Checkliste Übersichten zu körperlichen Erkrankungen und möglichen Vordiagnosen, die häufig bei Autistinnen auftreten. Diese umfassende Herangehensweise soll Frauen dabei unterstützen, sich selbst besser zu verstehen und ihre Erfahrungen im Autismusspektrum einordnen zu können.

Alle genutzten Quellen stelle ich online frei zur Verfügung, um das Wissen einer möglichst breiten Gruppe an Autistinnen zur Verfügung zu stellen.

Zweck und Ziel der Checkliste

Diese Checkliste ist als Werkzeug für Frauen im Autismusspektrum gedacht, um ihre spezifischen Merkmale besser zu identifizieren und zu dokumentieren. Sie unterstützt dabei, das eigene Erleben und Verhalten differenziert zu erfassen und somit einen Überblick zu gewinnen, welche Merkmale individuell präsent und wie stark ausgeprägt sind. Die Übersicht dient nicht nur der Selbstreflexion, sondern kann auch als wertvolles Hilfsmittel genutzt werden, um relevante Informationen für eine diagnostische Abklärung oder für die Kommunikation mit Fachpersonen (z.B. Ärztinnen oder Therapeutinnen) zusammenzustellen.

Struktur und Intensitätsskala der Checkliste

Die Checkliste ist in verschiedene Kategorien unterteilt, die sowohl sensorische und kognitive Aspekte als auch soziale, emotionale und alltägliche Bewältigungsstrategien abdecken.

Jede Kategorie enthält mehrere spezifische Merkmale, die in ihrer Ausprägung anhand einer Intensitätsskala von 1 bis 5 eingestuft werden können:

Intensität	Beschreibung
1	Sehr geringe Ausprägung, bzw. Hyposensibel
2	Etwas geringere Ausprägung als der Durchschnitt, bzw. eher Hyposensibel
3	Durchschnittliche Wahrnehmung ohne besondere Auffälligkeit
4	Etwas höhere Ausprägung oder überdurchschnittliche Wahrnehmung, eher Hypersensibel
5	Sehr hohe Ausprägung oder intensives Erleben, bzw. Hypersensibel

Diese Einteilung ermöglicht es, die Bandbreite der individuellen Wahrnehmung und Empfindlichkeit präzise abzubilden. Zum Beispiel kann die sensorische Wahrnehmung von Reizen (wie Geräusche oder Licht) für einige als intensiv und störend (5 – hypersensibel), für andere hingegen kaum bemerkbar (1 - hyposensibel) wahrgenommen werden. Bei anderem Erleben ist eine Einteilung nach

Sensibilität nicht hilfreich. Hier kann die Stufe der Intensität vermerkt werden. Bei den weiteren körperlichen Erkrankungen genügt es, einfach anzukreuzen, wenn etwas zutrifft.

Anleitung zur Nutzung

- **Selbstbeobachtung**: Nimm dir Zeit, um dich bewusst auf deine Wahrnehmungen, Gedanken und Emotionen zu konzentrieren. Gehe jede Kategorie in Ruhe durch und überlege, wie stark du das jeweilige Merkmal bei dir wahrnimmst.

- **Intensität festlegen**: Ordne jeder Eigenschaft eine Intensität von 1 bis 5 zu, die am besten beschreibt, wie intensiv du das Merkmal empfindest oder erlebst. Es ist hilfreich, ehrlich mit sich selbst zu sein und gegebenenfalls Situationen oder Reaktionen aus der Vergangenheit zu reflektieren. Trage die entsprechende Zahl in die erste Spalte ein.

- **Dokumentation**: Nutze die Liste, um alle Ergebnisse klar zu dokumentieren. Dadurch entsteht eine Übersicht, die dir langfristig als Orientierung dienen kann.

- **Vorbereitung für Gespräche**: Wenn du die Liste für diagnostische Zwecke verwenden möchtest, nimm sie dir zu einem Termin mit, um gezielt über das von dir beobachtete Erleben sprechen zu können. Die Liste ermöglicht es Fachpersonen, ein umfassenderes Bild deiner persönlichen Erfahrungen und Herausforderungen zu gewinnen.

Diese Checkliste hilft dir dabei, dein persönliches Erleben im Autismusspektrum besser zu verstehen. Sie unterstützt dich, deine Bedürfnisse und Stärken bewusster zu definieren und als Orientierungshilfe für die eigene Identifikation zu nutzen.

Bitte beachte, dass diese Checkliste keine professionelle Diagnose oder medizinische Beratung ersetzt. Sie dient ausschließlich zur Selbstreflexion und Orientierung und erhebt weder Anspruch auf

Vollständigkeit noch auf therapeutische Wirksamkeit. Die individuelle Einordnung der Merkmale und deren Intensitäten in dieser Liste ist subjektiv und soll dazu beitragen, dein eigenes Erleben besser einzuordnen. Für eine fundierte Diagnosestellung oder therapeutische Unterstützung wende dich bitte an qualifizierte Fachpersonen wie Ärztinnen, Therapeutinnen oder Psychologinnen.

1. Wahrnehmung

1.1 Propriozeption (Körperwahrnehmung)

	1	2	3	4	5
Riechen	○	○	○	○	○
Schmecken	○	○	○	○	○
Licht	○	○	○	○	○
Hören	○	○	○	○	○
Sehen	○	○	○	○	○
Fühlen	○	○	○	○	○
Berührungen	○	○	○	○	○
Temperatur	○	○	○	○	○
Sensory Seeking	○	○	○	○	○

1.2 Visuelle Wahrnehmung

	1	2	3	4	5
Detailgenauigkeit	○	○	○	○	○
Schwierigkeiten bei der Gesichtserkennung (Prosopagnosie)	○	○	○	○	○
Probleme mit Tiefenwahrnehmung bei "optischem Lärm"	○	○	○	○	○
Migräne	○	○	○	○	○
Irlen-Syndrom ("Visuelles Stress-Syndrom")	○	○	○	○	○
Verändertes beidäugiges Sehen (Binokularsehen)	○	○	○	○	○

1.3 Auditive Wahrnehmung

	1	2	3	4	5
Hyperakusis (krankhafte Überempfindlichkeit gegenüber Schall)	○	○	○	○	○
Auditive Verarbeitungs- und Wahrnehmungsstörungen	○	○	○	○	○

1.3 Auditive Wahrnehmung

	1	2	3	4	5
Misophonie (verminderte Geräuschtoleranz ggü. bestimmten Geräuschen)	○	○	○	○	○
Tinnitus	○	○	○	○	○

1.4 Propriozeption (Körperwahrnehmung)

	1	2	3	4	5
Ungeschicklichkeit	○	○	○	○	○
Stolpern	○	○	○	○	○

1.5 Vestibuläre Wahrnehmung

	1	2	3	4	5
Schwierigkeiten, den eigenen Körper im Raum zu spüren	○	○	○	○	○
Balanceprobleme	○	○	○	○	○

1.6 Weitere Wahrnehmungsaspekte

	1	2	3	4	5
Viszerozeption (Wahrnehmung der eigenen Körpersignale, wie Hunger, Durst, Harndrang, ...)	○	○	○	○	○
Synästhesie (Sinnesverschmelzungen)	○	○	○	○	○

2. Kognition und Denken

2.1 Grundlegende kognitive Aspekte

	1	2	3	4	5
Theory of Mind	○	○	○	○	○
Metakognition	○	○	○	○	○
Autistische Logik	○	○	○	○	○

2.2 Exekutive Funktionen

	1	2	3	4	5
Planung und Organisation	○	○	○	○	○
Arbeitsgedächtnis	○	○	○	○	○
Impulskontrolle	○	○	○	○	○
Kognitive Unflexibilität	○	○	○	○	○

2.3 Mustererkennung und Logik

	1	2	3	4	5
Mustererkennung	○	○	○	○	○
Analytisches Denken	○	○	○	○	○
Spezialinteressen	○	○	○	○	○
Schneller Wissenserwerb	○	○	○	○	○

2.4 Kreativität und Problemlösung

	1	2	3	4	5
Komplexe Problembearbeitung	○	○	○	○	○

2.4 Kreativität und Problemlösung

	1	2	3	4	5
Unkonventionelle Denkansätze	○	○	○	○	○
Schneller Wissenserwerb	○	○	○	○	○
Kreativität und Problemlösung	○	○	○	○	○

3. Emotionen und Soziales

3.1 Emotionales Erleben

	1	2	3	4	5
Alexithymie	○	○	○	○	○
Emotionsregulation	○	○	○	○	○
Overload	○	○	○	○	○
Meltdown	○	○	○	○	○
Shutdown	○	○	○	○	○

3.2 Soziale Kommunikation

	1	2	3	4	5
Fähigkeit zur Perspektivübernahme	○	○	○	○	○
Verständnis nonverbaler Kommunikation	○	○	○	○	○
Einsatz nonverbaler Kommunikation	○	○	○	○	○
Literales Sprachverständnis (Gesagtes beim Wort nehmen)	○	○	○	○	○
Verständnis von Metaphern	○	○	○	○	○
Verwendung von Metaphern	○	○	○	○	○
Verständnis von Ironie	○	○	○	○	○
Verwendung von Ironie	○	○	○	○	○
Verständnis von Sarkasmus	○	○	○	○	○
Verwendung von Sarkasmus	○	○	○	○	○
Mimik und Gestik	○	○	○	○	○
Augenkontakt herstellen	○	○	○	○	○
Augenkontakt halten	○	○	○	○	○
intuitiver Ausdruck affektiver Empathie	○	○	○	○	○

3.3 Soziale Interaktion

	1	2	3	4	5
Freundschaften aufbauen	◯	◯	◯	◯	◯
Freundschaften pflegen	◯	◯	◯	◯	◯

4. Masking

4.1 Nachahmung

	1	2	3	4	5
Imitation „Mimicking"	◯	◯	◯	◯	◯
Anpassung an soziale Normen	◯	◯	◯	◯	◯
Mimik und Gestik	◯	◯	◯	◯	◯
Small Talk	◯	◯	◯	◯	◯
Sprechtempo und Tonfall	◯	◯	◯	◯	◯

4.2 Unterdrückung

	1	2	3	4	5
Unterdrückung	○	○	○	○	○
Überforderung	○	○	○	○	○
Emotionen	○	○	○	○	○
Sensorische Bedürfnisse	○	○	○	○	○
Stimming	○	○	○	○	○
Echolalie	○	○	○	○	○
Repetitive Verhaltensweisen	○	○	○	○	○

4.3 Anpassung

	1	2	3	4	5
Soziales Masking	○	○	○	○	○
Helfersyndrom	○	○	○	○	○
People Pleasing	○	○	○	○	○

5. Alltag und Bewältigung

5.1 Routinen und Veränderungen

	1	2	3	4	5
Routinenbedürfnis	○	○	○	○	○
Veränderungsmanagement	○	○	○	○	○

5.2 Ängste und Zwänge

	1	2	3	4	5
Ängste	○	○	○	○	○
Zwänge	○	○	○	○	○
Kontrollbedürfnis	○	○	○	○	○
Perfektionismus	○	○	○	○	○

5.3 Schlaf

	1	2	3	4	5
Insomnie	○	○	○	○	○
Durchschlafstörungen	○	○	○	○	○
Frühes Erwachen	○	○	○	○	○
Zirkadiane Schlaf-Wach-Rhythmusstörungen	○	○	○	○	○
Schlafapnoe	○	○	○	○	○
Restless-Legs-Syndrom	○	○	○	○	○
Narkolepsie	○	○	○	○	○
Bettnässen	○	○	○	○	○

5.4 Stress und Überlastung

	1	2	3	4	5
Stressbewältigung	○	○	○	○	○
Overloads	○	○	○	○	○
Meltdowns	○	○	○	○	○
Shutdowns	○	○	○	○	○

5.4 Stress und Überlastung

	1	2	3	4	5
Körperliche Stressreaktionen	○	○	○	○	○

5.5 Selbstbild und Identität

	1	2	3	4	5
Imposter-Phänomen	○	○	○	○	○
Autistische Identität	○	○	○	○	○

6. Stärken und Kompetenzen

6.1 Allgemeine Stärken

	1	2	3	4	5
Hyperfokus	○	○	○	○	○
Detailgenauigkeit	○	○	○	○	○

6.1 Allgemeine Stärken

	1	2	3	4	5
Ehrlichkeit	○	○	○	○	○
Loyalität	○	○	○	○	○
Unkonventionelles Denken	○	○	○	○	○
Savant-Fähigkeiten	○	○	○	○	○
Eidetisches Gedächtnis	○	○	○	○	○
Fachwissen	○	○	○	○	○
Sammeln von Informationen	○	○	○	○	○
Spezialinteressen	○	○	○	○	○

6.2 Kreativität

	1	2	3	4	5
Hyperfokus	○	○	○	○	○
Detailgenauigkeit	○	○	○	○	○
Ehrlichkeit	○	○	○	○	○
Loyalität	○	○	○	○	○
Unkonventionelles Denken	○	○	○	○	○

6.2 Kreativität

	1	2	3	4	5
Savant-Fähigkeiten	○	○	○	○	○
Eidetisches Gedächtnis	○	○	○	○	○
Fachwissen	○	○	○	○	○
Sammeln von Informationen	○	○	○	○	○
Spezialinteressen	○	○	○	○	○
Künstlerische Fähigkeiten	○	○	○	○	○
Musikalische Fähigkeiten	○	○	○	○	○
Mathematische Fähigkeiten	○	○	○	○	○

6.3 Logisches Denken

	1	2	3	4	5
Problemlösungsfähigkeiten	○	○	○	○	○
Systematisches Denken	○	○	○	○	○
Innovative Herangehensweisen	○	○	○	○	○

7. Stimming und Selbstregulation

7.1 Stimmingformen

	1	2	3	4	5
Motorisches Stimming	○	○	○	○	○
Auditives Stimming	○	○	○	○	○
Visuelles Stimming	○	○	○	○	○
Taktiles Stimming	○	○	○	○	○
Verbales Stimming	○	○	○	○	○

7.2 Regulationsmethoden

	1	2	3	4	5
Sensory Diet	○	○	○	○	○
Sensory Seeking	○	○	○	○	○
Sensory Avoidance	○	○	○	○	○
Sonstige Kompensationsstrategien	○	○	○	○	○

8. Weitere körperliche Symptome

8.1 Schmerzerkrankungen

Chronische Schmerzen ○

Fibromyalgie ○

Migräne und Kopfschmerzstörungen ○

Zähneknirschen ○

Hypermobilitätssyndrom ○

Ehlers-Danlos-Syndrom ○

8.2 Herz-Kreislauf-Erkrankungen

Bluthochdruck ○

Herzrhythmusstörungen ○

Posturales Tachykardiesyndrom (POTS) ○

8.3 Autoimmunerkrankungen und sekundäre Symptome

Hashimoto-Thyreoiditis ○

Rheumatoide Arthritis ○

Lupus erythematodes ○

Zöliakie ○

Kälteurtikaria ○

8.4 Allergien und Unverträglichkeiten

Allgemeine Sensitivität gegenüber Nahrungsmitteln ○

Allergien ○

Histaminintoleranz ○

Laktoseintoleranz ○

Medikamentensensitivität oder -intoleranz ○

Chemikalien- und Duftstoffempfindlichkeit ○

8.5 Haut und Atemwegserkrankungen

Asthma ○

Ekzeme ○

Neurodermitis ○

8.6 Endokrinologische und Stoffwechselerkrankungen

Polyzystisches Ovarialsyndrom (PCOS) ○

Nebennierenermüdung ○
(Adrenal Fatigue)

8.7 Gynäkologische Besonderheiten

Unregelmäßiger Menstruationszyklus ○

Dysmenorrhoe ○

Menorrhagie ○

Premenstruelles Syndrom (PMS) ○

Endometriose ○

8.8 Neurologische und sensorische Besonderheiten

Sensorische Überempfindlichkeit ○

Migräne mit Aura (inkl. neurologischer Symptome wie Sehstörungen) ○

Hypersensitivität gegenüber Schmerz ○

Hyposensitivität gegenüber Schmerz ○

Sensory Processing Disorder (SPD) ○

9. Vordiagnosen und Neurodivergenzen

Übersicht Vordiagnosen und Neurodivergenzen

Depressionen ○

Soziale Angststörung (soziale Phobie) ○

Generalisierte Angststörung ○

Anorexia nervosa ○

Bulimie ○

Pica-Syndrom ○

Übersicht Vordiagnosen und Neurodivergenzen

Posttraumatische Belastungsstörung (PTBS) ○

Dissoziative Störungen ○

Anpassungsstörung ○

Histrionische Persönlichkeitsstörung ○

Selektiver Mutismus ○

Schizophrenie ○

Borderline-Persönlichkeitsstörung ○

ADHS ○

Dyslexie ○

Dyskalkulie ○

Dyspraxie ○

Hochsensibilität ○

Tic-Störungen ○

Synästhesien ○

Hochbegabung ○

24. Selbsttests als Wegweiser

Selbsttests für Autismus sind in den letzten Jahren zu einem beliebten Werkzeug geworden, um eigene Verhaltensweisen und Erfahrungen besser zu verstehen. Sie bieten einen ersten Einblick in die vielfältige Welt des Autismusspektrums und können uns dabei helfen, unsere individuellen Besonderheiten zu erkennen.

Ein Spiegelbild unserer Erfahrungen

Stell dir vor, du betrachtest dein Spiegelbild. Ein Selbsttest ist wie ein vergrößernder Spiegel, der bestimmte Aspekte deines Wesens hervorhebt. Er kann dir helfen, Verhaltensweisen zu identifizieren, die du vielleicht schon immer an dir beobachtet hast, aber nie einen Namen dafür hattest. So kannst du anfangen, die Mosaiksteine deines Selbst zusammenzusetzen.

Mehr als nur ein Test

Ein Selbsttest ist jedoch kein Urteil, sondern vielmehr ein Ausgangspunkt für eine Reise der Selbstentdeckung. Er kann dir zeigen, dass du mit deinen Erfahrungen nicht allein bist und dass es viele andere Menschen gibt, die ähnlich denken und fühlen.

24.1 Was ein Selbsttest leisten kann

So hilfreich Selbsttests auch sein können, sie können eine professionelle **fachärztliche Diagnose nicht ersetzen**. Autismus ist ein komplexes Phänomen, das von Mensch zu Mensch sehr unterschiedlich sein kann. Ein Selbsttest kann Hinweise geben, aber er kann nicht alle Facetten deines Wesens erfassen. Eine professionelle Diagnose brauchst du aber auch nur, wenn du eine **Anspruchsgrundlage für medizinische oder soziale Hilfen** benötigst.

Ein Baustein auf dem Weg zur Selbstakzeptanz

Ein Selbsttest ist ein Baustein in einem größeren Mosaik. Er kann dir helfen, dich selbst besser zu verstehen und deine individuellen Bedürfnisse zu erkennen. Aber um ein vollständiges Bild von dir selbst zu bekommen, ist es wichtig, auch andere Perspektiven einzubeziehen. Sprich mit anderen autistischen Frauen, suche den Austausch mit Fachleuten und erlaube dir mit einem kritischen Blick auf dich auf dich selbst, deine eigene Geschichte zu schreiben.

24.2 Eine Auswahl von Selbsttests

Es gibt eine Vielzahl von Selbsttests, die unterschiedliche Aspekte des Autismus abdecken. Jeder Test hat seine eigenen Stärken und Schwächen. Hier sind einige der bekanntesten:

Autism Quotient (AQ): Ein vielseitiger Test, der sowohl Autismus als auch ADHS-Merkmale abdeckt und oft als erster Anhaltspunkt dient.

Ritvo Autism & Asperger Diagnostic Scale (RAADS): Dieser Test legt den Fokus auf subjektive Erfahrungen und ist besonders für Erwachsene geeignet, die lange Zeit keine Diagnose erhalten haben.

Camouflaging Autistic Traits Questionnaire (CAT-Q): Speziell für Mädchen und nicht-binäre Personen entwickelt, erfasst dieser Test die Fähigkeit, autistische Merkmale zu maskieren.

Sensory Perception Quotient (SPQ): Dieser Test untersucht unsere sensorische Wahrnehmung und hilft uns, unsere individuellen Sensibilitäten besser zu verstehen.

Empathy Quotient (EQ) und EQ-10: Diese Tests bewerten unsere Fähigkeit, Emotionen bei anderen wahrzunehmen und zu verstehen.

Social Responsiveness Scale (SRS): Dieser Test bietet einen umfassenden Überblick über unsere sozialen Fähigkeiten und Interaktionen.

Adult Repetitive Behaviours Questionnaire (RBQ-2): Dieser Test konzentriert sich auf repetitive Verhaltensweisen, die ein charakteristisches Merkmal von Autismus sind.

Eyes Test, Faux Pas Test, Reading the Mind in the Voice Test: Diese Tests untersuchen unsere Fähigkeit, nonverbale Hinweise wie Gesichtsausdrücke und Stimmlagen zu interpretieren.

Friendship and Relationship Quotient (FQ): Dieser Test gibt uns Einblicke in unsere sozialen Beziehungen und Interaktionen.

The Aspie Quiz: Dieser Test bietet eine visuelle Darstellung der Unterschiede zwischen nicht-autistischen und autistischen Merkmalen.

Girls Questionnaire for Autism Spectrum Condition (GQ-ASC): Speziell für Mädchen und nicht-binäre Personen entwickelt, erfasst dieser Test die spezifischen Herausforderungen und Stärken.

Reading the Mind in the Face Test (RMFT): Dieser Test bewertet unsere Fähigkeit, Emotionen durch Gesichtsausdrücke zu erkennen.

Systemizing Quotient (SQ): Dieser Test untersucht unsere Neigung zu systematischem Denken und Interessen.

24.3 Quellen für Selbsttests

- **Expertinnen auf dem Gebiet:** Dr. Meghan Anna Neff ist eine autistische Psychologin, die sich intensiv mit den Bedürfnissen von autistischen Menschen beschäftigt. Sie bietet auf ihrer Website und in ihren sozialen Medien oft wertvolle Tipps und Empfehlungen.

- **Autism Research Centre:** Das Autism Research Centre der University of Cambridge ist eine renommierte Einrichtung, die eine Vielzahl von Testinstrumenten und Ressourcen zur Verfügung stellt.

- **Embrace Autism:** Diese Organisation setzt sich für mehr Aufklärung und Unterstützung für autistische Menschen ein und bietet ebenfalls hilfreiche Informationen.

Viele der besten Selbsttests sind leider nur auf Englisch verfügbar. Aber keine Sorge! Mithilfe von Übersetzungstools wie DeepL oder der integrierten Übersetzungsfunktion in deinem Browser kannst du die Inhalte ins Deutsche übersetzen. So kannst du die Fragen besser verstehen und deine Antworten genauer abwägen.

Das Handbuch von Christian Kißler

Christian Kißler, ein autistischer Forscher, hat ein umfassendes Handbuch zur Selbstdiagnose erstellt, das kostenlos online verfügbar ist. Dieses Handbuch ist eine wahre Fundgrube für alle, die sich für das Thema Autismus interessieren. Kißlers Arbeit ist so wertvoll, weil er seine eigenen Erfahrungen einbringt und uns eine detaillierte Anleitung zur Selbstreflexion bietet.

Ein wichtiger Hinweis: Auch wenn ich die Arbeit von Christian Kißler sehr schätze, habe ich mich bewusst entschieden, seine Inhalte nicht für meinen eigenen Leitfaden zu verwenden. Seine Arbeit ist ein kostenloses Angebot an die Community, und ich möchte diese großzügige Geste respektieren.

Selbsttests als Teil deiner Reise

Selbsttests können uns auf unserer persönlichen Reise zur Selbstfindung begleiten, aber sie sind nur ein Baustein im Puzzle. Es ist wichtig, dass wir unsere Ergebnisse mit anderen teilen, sei es mit Freunden, Familie oder Fachleuten. Ein offener Austausch kann uns helfen, unsere Erfahrungen besser zu verstehen und unsere Stärken zu nutzen.

Selbsttests sind ein guter Anfang, aber sie ersetzen keine gründliche Recherche. Es lohnt sich, sich auch mit Fachliteratur auseinanderzusetzen, um die Ergebnisse kritisch zu hinterfragen. Mit etwas Eigeninitiative kannst du wertvolle Einblicke in dein individuelles Autismusprofil gewinnen.

25. Recherche auf Instagram

In diesem Kapitel stelle ich meine Lieblings-Instagram-Accounts zu den Themen Autismus und AuDHS (Autismus kombiniert mit ADHS) vor. Diese Profile sind eine klare Empfehlung für alle, die fundierte Informationen oder auf dem Weg der Selbstidentifikation einen ersten Einblick in das Thema Autismus suchen.

Ich schätze besonders die fachliche Tiefe und Vielfalt der Perspektiven, die hier präsentiert werden. Die Accounts geben Autistinnen, nicht-binären Personen, Männern, Eltern autistischer Kinder sowie engagierten Fachkräften und Verbänden eine Stimme. Jeder Account vereint aktuelle, wissenschaftlich fundierte Informationen mit persönlichem Engagement und bietet authentische Einblicke in die Realität des Autismusspektrums sowie in spezifische Teilaspekte wie Synästhesie, PDA-Autismus oder Dyspraxie.

- @adhsmus_coda - Magda Grzyb

- @autie.niki

- @autismus_wissen_neurodivergent - Anna

- @autismusambulanz_halle

- @autismus_coaching - Florian Malicke

- @bunte_herbstkinder - Anna

- @daily_aut_routine - Sunny
- @divergent_lemoncake
- @ehhh_magdalena - Magdalena
- @filima_mo3 - Christin Brendieck
- @finally.unmask - Katrin
- @grubenpony_ - Linda Titze
- @guardianofmind - Katharina Schön
- @infinity.of.butterfly - Hannah Martin
- @johanna_schlueter - Johanna Schlüter
- @katersonnenherz – Nick Finkler
- @landesverbandautismusmvev - LV Autismus M-V
- @maikepreissing - Maike Preißing
- @mary_lous_audhs_leben - Marie-Louise R. Maier
- @neledivergent
- @neurodivergenten
- @neurospicy.de - Nina
- @autisplus - Sarah Weber
- @monka_world - Rafaela
- @quarkonia_autismus
- @synaesthesie_dach - Dt. Synästhesie-Gesellschaft
- @spektrumswolke
- @t.warnholz_beratung - Timo Warnholz

- @the_neurodivengers - AuDHS Spätis
- @zir_kus_im_kopf - Liv Cadler
- @zarti_jenni - Jennifer Dridiger

26. Schlusswort

"Die autistischeGemeinschaft ist eine Subkultur, mit der
die nicht autistische Welt gerade erst vertraut zu werden
beginnt. Wir sind Pioniere, und die Entscheidungen, die
wir treffen, können eine positive Wirkung auf diejenigen
haben, die nach uns kommen."

- Rudy Simone

Wir sind gemeinsam auf eine Reise durch die Welt des Autismus gegangen. Ich hoffe, dieses Buch hat dir dabei geholfen, in dir eine
Sprache zu finden, um deine Gedanken, Gefühle und Erlebnisse
auszudrücken. Oft ist es eine Herausforderung, das, was tief in uns
vorgeht, in Worte zu fassen. Vielleicht hast du auf diesen Seiten einige Begriffe oder Beschreibungen entdeckt, die dir dabei helfen,
deine eigene Geschichte zu erzählen.

Ich wünsche mir, dass dieses Buch dir ein kleiner Wegweiser auf
deiner persönlichen Reise ist – ein Kompass, ein „Monkapass". Vielleicht konntest du Formulierungen finden, um bisher Unbeschreibli-
ches in dir endlich auszudrücken. Sich selbst neu kennenzulernen,
ist ein Prozess. Auch ich bin noch immer auf dieser Reise, und dieser
Weg hat mich verändert – doch abgeschlossen ist er noch lange
nicht. Das Gefühl, irgendwie „falsch" zu sein, begleitet mich seit
meiner Kindheit. Vielleicht werde ich es und die damit verbundene
Scham nie ganz ablegen können. Dennoch war es mir wichtig, mich
in diesem Buch zu öffnen und zumindest in Teilaspekten zu zeigen,
damit du dich vielleicht auch erkennen kannst.

Ich bin Careleaverin, also eine Frau, die zeitweilig in einer betreu-
ten Einrichtung gelebt hat. Mein Lebensweg war bisher sehr herausfordernd. Ich habe Vieles früher erlebt als es in Normalbiografien
üblich ist und war mehrfach in Situationen, die ich keiner anderen
Frau wünsche. Durch meine normtypische Schönheit – das sogenannte „Pretty Privilege" – und meine autistische zwischenmensch-
liche Unbeholfenheit bin ich zusätzlichen Risiken ausgesetzt. Weil
mir zudem oft die Energie fehlt, ein enges soziales Netz zu pflegen,
bin ich insgesamt verletzlicher als nicht-autistische Frauen.

Ich wäre niemals dort gelandet, wo ich war, wenn ich nicht autistisch wäre. Doch ich wäre nicht dort, wo ich mich jetzt befinde, wenn ich nicht autistisch wäre. Meine Neurodivergenz hat mich durch Höhen und Tiefen geführt und mir zugleich die Stärke verliehen, heute meinen eigenen Weg zu gehen. Die Entscheidung, mich auch in den sozialen Medien zu öffnen, war nicht leicht und brachte neue Herausforderungen mit sich. Doch durch den Austausch mit anderen Autistinnen habe ich erkannt, wie wichtig die Sichtbarkeit autistischer Frauen für einen echten gesellschaftlichen Wandel ist.

Wir Autistinnen gehören zu den am stärksten ausgegrenzten Gruppen in dieser Gesellschaft. Diese gemeinsame Erfahrung prägt uns und schafft ein tiefes Gefühl der Verbundenheit. Wie die meisten spätdiagnostizierten Autistinnen werde auch ich weiterhin viele Hindernisse überwinden müssen, die für andere oft unsichtbar sind. Frauen wie wir haben gelernt, trotz großer innerer Ängste nach außen die Fassung zu bewahren – oft so sehr, dass wir zu hochmaskierenden Autistinnen geworden sind.

Ich wünsche dir jedoch, dass du – wie auch ich – immer mehr Kraft und Mut findest, ganz du selbst zu sein. Gib die Hoffnung nicht auf, deinen eigenen Weg zur Heilung und zu dir selbst zu finden.

Ich hoffe, dass dir der Guide helfen konnte, dich selbst nicht nur durch vermeintliche Defizite zu betrachten. Autismus, ADHS und andere neurodivergente Ausprägungen sind – wie ich bereits zu Beginn des Buches beschrieben habe – vielfältige Kompetenzprofile, die unterschiedliche Stärken und Talente mit sich bringen. Vor dem Hintergrund unserer gesellschaftlichen Strukturen sind diese Eigenschaften oft mit besonderen Herausforderungen verbunden. Doch vielleicht hast du einen Zugang dazu gefunden, dass bestimmte Wahrnehmungen, Erlebnisse oder Gaben, die du in dir trägst, im Gesamtkontext einen Sinn ergeben und wertvoll sind.

Das, was du früher möglicherweise als Schwächen wahrgenommen hast, sind vielleicht gar keine. Und bestimmte Stärken, die du besitzt, sind nicht dazu da, vermeintliche Defizite auszugleichen. Sie sind vielmehr einzigartige Werkzeuge, die dein Kompetenzprofil ausmachen. Du musst nicht alles können, was von dir erwartet wird – denn genau in der Vielfalt unserer Fähigkeiten liegt der wahre Wert!

Ich wünsche mir, dass junge Frauen zukünftig schneller Zugang zu Gleichgesinnten und zu Unterstützung finden – und ihnen dadurch Jahre der Verwirrung und Orientierungslosigkeit erspart bleiben, wie es leider bei vielen spätdiagnostizierten Frauen der Fall ist.

Indem Frauen wie wir uns zeigen, ganz authentisch und so, wie wir sind, geben wir anderen Autistinnen die Möglichkeit, sich in uns wiederzuerkennen und verstanden zu fühlen. Es ist ein besonderer Moment der Verbundenheit, wenn eine andere autistische Frau in dir ihre eigene Geschichte sieht. Wir alle teilen viele ähnliche Erfahrungen. Indem wir einander die Hände reichen und inspirieren, wachsen wir gemeinsam und erreichen unsere Ziele.

Du bist also nicht allein auf deinem Weg, sondern Teil einer Gemeinschaft starker Frauen. Mein besonderer Dank gilt den Frauen früherer Generationen, die diesen Weg für uns geebnet haben. Sie hatten es oft noch viel schwerer, doch sie haben nicht aufgegeben. Nun liegt es an uns Jüngeren, ihr Erbe weiterzutragen und die nächste Generation bestmöglich zu unterstützen.

Ich hoffe, dass dir dieses Buch die Kraft gegeben hat, eine Richtung für deinen neuen Weg zu finden. Denn denke daran: Nur weil etwas schon immer so war, heißt das nicht, dass es auch für immer so bleiben muss.

In Verbundenheit,

Deine Rafaela

Danksagung

„Es ist immer wieder wundervoll zu sehen, was Frauen erreichen können, wenn sie sich für ein gemeinsames Ziel zusammentun. Früher trafen wir uns zum Besenreiten, heute vernetzen wir uns auf Social-Media."

Ich bin tief beeindruckt von der Kraft, die soziale Medien entfalten können! Die Autismus-Debatte in Deutschland wäre ohne den unermüdlichen Einsatz engagierter Menschen, insbesondere autistischer Frauen und nicht-binärer Personen, nicht dort, wo sie heute steht.

Unzählige Stunden ehrenamtlicher Arbeit fließen in hochwertige, frei zugängliche Inhalte. Viel zu oft bleibt dieses Engagement im Verborgenen und wird nicht angemessen gewürdigt. Doch es ist genau diese selbstlose Arbeit, die das Fundament bildet, auf dem wir alle aufbauen können.

Außerdem geht ein großer Dank an all jene, die bei der Entstehung dieses Buchs mitgewirkt haben – sei es durch die regelmäßige Interaktion in meinen Stories oder tatkräftige Unterstützung in der Online-Redaktion. Deshalb mag ich an dieser Stelle namentlich den 'Speedreaderinnen' meine besondere Wertschätzung und Dank entgegenbringen:

Magdalena Grzyb	Heidi Assmann
Jennifer Dridiger	Katrin Ohlinger
Melanie Bolten	Liu Hon
Nick Finkler	

Ein ganz besonderer Dank gilt Vanessa Benz (IG @vanessabenzzz) für das beeindruckende Brand-Design der Marke

„Monka". Die Farbgebung und Schriften wurden gemeinsam mit der Community ausgewählt. Mit ihrem kunstvollen Logo verleiht Vanessa dem Namen „Monka" eine besondere Seele.

Quellen

Für dieses Buch habe ich ein umfassendes Quellenverzeichnis erstellt. Ein Großteil dieser Informationen ist frei zugänglich, und ich bin mir bewusst, dass nicht jede Frau die Möglichkeit hat, sich dieses Buch zu leisten.

Daher möchte ich die Quellen online zur Verfügung stellen, um sicherzustellen, dass alle von diesem Wissen profitieren können. Die Quellen sind unter dem folgenden Link und dem QR-Code abrufbar:

Über die Autorin

Rafaela Lisbeth Kiene ist eine Frau mit einer klaren Mission: Sie kämpft dafür, dass neurodivergente Frauen Gehör finden, Unterstützung erhalten und sich selbst erkennen dürfen. Als Sozialarbeiterin und Aktivistin weiß sie aus erster Hand, wie es ist, mit unsichtbaren Hürden zu leben, die lange übersehen wurden. Jahre der Fehldiagnosen und der Suche nach Erklärungen haben sie geformt und motiviert, ihr Wissen und ihre Erfahrungen weiterzugeben – humorvoll, ungeschönt und mit einem scharfen Blick auf gesellschaftliche Missstände.

Auf Instagram und YouTube öffnet sie unter dem Namen @monka_world Türen zu ihrer Welt, in der ADHS, Autismus, Synästhesie und Dyspraxie mehr als nur Fachbegriffe sind. Sie zeigt, wie neurodivergente Frauen über sich hinauswachsen können, wenn sie endlich die richtigen Antworten bekommen. Rafaela glaubt an die Kraft der Gemeinschaft und an das Potenzial jeder neurodivergenten Frau.

Mit der Marke „Monka" hat sie für eine Plattform geschaffen, die Hoffnung und Aufklärung bietet – für unzählige unsichtbar gemachte Frauen, die wie sie ihren Weg suchen. Die Aktivistin betont: "Den Weg, den ich hinter mir habe, wünsche ich keiner anderen Frau!"

Als Mitglied des Landesverbandes Autismus Mecklenburg-Vorpommern, der Deutschen Synästhesiegesellschaft und des Schweriner Behindertenbeirats fordert sie einen Wandel in der Gesellschaft, der Frauen wie sie in den Vordergrund rückt.

Rafaela zeigt eindrucksvoll: Nur weil etwas schon immer so war, heißt das nicht, dass es für immer so bleiben muss.